LE
NOUVEAU LIVRE DU TAILLEUR

TRAITÉ COMPLET

DE LA COUPE DES VÊTEMENTS D'HOMME

Par THIRIFOCQ

23, BOULEVARD DE SÉBASTOPOL, 23

PARIS

PARIS

IMPRIMERIE TYPOGRAPHIQUE DE FÉLIX MALTESTE ET Cⁱᵉ

22, RUE BESSONNES, 22

(Ancienne rue des Deux-Portes-Saint-Sauveur)

LE
NOUVEAU LIVRE DU TAILLEUR

TRAITÉ COMPLET

DE LA COUPE DES VÊTEMENTS D'HOMME

Par THIRIFOCQ

PROFESSORAT

Parmi les modes de mesures et tracés de coupe des vêtements d'hommes, ceux qui prirent le nom de Méthodes géométriques sont, depuis un demi-siècle, les plus répandus.

Dans ces diverses méthodes, la mesure intégrale entre pour une partie dans le tracé, et avec les divisions de la grosseur du haut du buste, prise sous les bras, on établit les points du tracé que la mesure ne donne pas.

D'autres modes ou procédés auxquels on a donné le nom de méthodes sur mesures, et qui sont, à proprement parler, les vraies méthodes géométriques, ont eu moins de succès. S'excluant l'une l'autre, et ne fournissant, comme les méthodes dites géométriques, une sorte de langage numérique des proportions et du tracé qui s'y rapporte, elles se sont beaucoup moins généralisées.

Nous avons créé et démontré un tracé de coupe sur mesures intégrales, et après nous M. Scariano et la Société artistique des tailleurs de Paris en ont également créé. Nous reviendrons à ces dernières en terminant ce traité.

En premier lieu nous traitons de la coupe généralement admise (celle de M. Compaing), que nous enseignons depuis 1858, en la complétant par des modifications que nous avons apportées dans la démonstration.

1

Des mesures du corsage et des manche et basque.

Dans cette méthode, les mesures du corsage et leur application à la coupe présentent deux manières de fixer le point de repère qui pourraient amener quelque malentendu ; pour l'éviter, nous donnons les mesures prises sur deux corsages, mises en regard des deux figurines sur lesquelles ces mesures sont indiquées.

La figurine 1 et le corsage, figure 1 *bis*, planche I, présentent le point de repère des deux mesures d'aplomb ; 5, 6 et 7 (buste et courbure), placé juste à la hanche, c'est-à-dire au milieu de la demi-grosseur de ceinture comprise entre le milieu de la taille du dos, et le milieu du bas du devant.

La figurine 2 et le corsage figure 2 *bis*, présentent le point de repère des deux mesures d'aplomb, 5, 6 et 7 (buste et courbure), placé derrière la hanche, à une moyenne de 4 centimètres en arrière du point de repère qui précède, soit au cinquième de ceinture à partir du milieu de la taille du dos.

Cette dernière manière est celle que nous avons enseignée pour le tracé du corsage, suivant l'habitude reçue ; mais, comme il est plus difficile de mesurer ce point visuellement, ou plus long de calculer pour obtenir le cinquième de ceinture, que de fixer la mesure à la hanche, nous préférons le point de repère à la hanche, comme à la figure première, ainsi qu'on le ferait d'ailleurs, pour le gilet, en sorte que les mesures d'aplomb de la grande pièce et du gilet sont identiques.

Les mesures sont prises en divisant les grosseurs et largeurs par moitié, et de la manière suivante :

Mesures prises sur le gilet :   Moyenne

1º Grosseur du haut du buste, prise sous les bras   48
2º Grosseur de ceinture   40

Mesures prises sur le vêtement boutonné :

3º Carrure, prise du milieu du dos et en suivant la manche 19, 52, 82
4º Avancement d'emmanchure, du milieu du dos au devant d'emmanchure, en passant sous le bras   32
5º et 6º Profondeur d'emmanchure et buste 32, 54
7º Courbure prise de la hanche à la nuque derrière l'épaule   49
8º Hauteur d'épaule, prise en plaçant transversalement le ruban sur celle-ci, dont on mesure visuellement la pente en observant l'espace entre le ruban et l'os de l'épaule   5
9º Longueur de la taille naturelle, taille prolongée et jupe . . . .   45, » »

La hauteur d'épaule peut aussi se prendre par une diagonale indiquée sur le tracé du dos, figure 3, laquelle est en moyenne de 24.

De ces mesures, trois sont indispensables pour procéder à la première étude théorique de la coupe du corsage, ce sont :

1º La grosseur du haut du buste   48
2º La grosseur de ceinture   40
3º La longueur du buste   54

auxquelles **nous** devons ajouter, pour suppléer aux mesures intégrales, les divisions de la grosseur du haut du buste.

En admettant les proportions moyennes dont nous venons de donner les mesures primordiales: grosseur, 48; ceinture, 40; buste, 54;

Nous divisons la grosseur 48
    Par moitié. . . . . '. 24
    Par quart 12
    Par huitième. 6
    Par seizième 3
    Puis par douzième 4

Ces divisions aident à former les parties du tracé que les mesures ne donnent pas.

Du tracé du corsage.

Pour tracer le corsage théoriquement, on procède comme l'indiquent les figures 4 à 11, planche II.

D'abord on ajoute, à la grosseur 48, le quart 12, ce qui fait ensemble 60, pour établir la largeur du carré. De ces 60, le tiers 20, est la largeur du cadre du dos, et les deux tiers 40, sont la largeur du cadre du devant.

Ensuite, on retire de la hauteur du buste 54, le douzième de grosseur 48, qui est de 4, pour établir la hauteur du cadre, ainsi que l'indique la figure 4, par 50 de hauteur. Cette première opération faite, et sans chercher le pourquoi de chaque point qui sera démontré plus loin, on continue comme à la figure 5, en descendant le dos à 5 du haut de son cadre; on marque la cambrure à la taille, par le douzième 4; la largeur du bas du dos par le huitième 6, puis en plaçant une équerre, la pointe de l'angle droit sur 5, et son plus grand côté sur le point 4 de la cambrure, on tire la ligne un peu oblique qui est le milieu de la taille du dos, et d'équerre sur celle-ci, on trace la petite transversale du haut du dos, dont la largeur est limitée comme celle du bas, par un huitième, 6, au-dessus duquel on élève le petit trait de 1 centimètre qui servira à tracer le cintre de l'encolure du dos.

On marque encore, au-dessous du point 5, la distance 13 1/4, qui fixe la hauteur de la carrure (ces 13 1/4 sont le quart de la hauteur du dos, 45, qui est de 11 1/4 et auquel sont ajoutés 2 centimètres). Sur ce point, 13 1/4, on tire d'équerre la transversale de carrure qui se prolonge un peu dans le cadre du devant, et pour former la petite carrure on élève, au-dessus de cette transversale, le seizième, 3, puis on trace une ligne biaisée, du bas de la petite carrure à la cambrure, pour guider le tracé du cintre du côté, après quoi on dessine le dos comme à la figure 6.

La taille de dos ainsi tracée, est disposée pour recevoir la basque attenante représentée figures 8 et 11. Si on la traçait séparée de sa basque, comme à la figure 7, la transversale de carrure descendue à 15, ou tiers de la longueur 45, donnerait la même hauteur de carrure qu'en la fixant à 13 1/4, comme dans le cadre de la figure 6, et comme à la figure 8. Le résultat est le même; on peut donc le vérifier en traçant d'équerre cette transversale, de la petite carrure à la ligne oblique, ainsi qu'elle est indiquée en un trait brisé, figure 8.

Pour tracer le devant, on marque, comme à la figure 6, la largeur 24, ou moitié de la grosseur 48, sur la ligne du haut du cadre du devant, en sorte qu'il reste, en avant de ces 24, 16, qui complètent les 40 de largeur de ce cadre. Ce point 24 fixe le sommet de l'épaulette à son point proportionnel d'avancement.

Sur la transversale de carrure, continuée dans le devant, on marque le douzième 4, de rentrée du côté que l'on désigne sous le nom de crochet, puis en avant de ces 4, le diamètre d'emmanchure 13; on en descend la moitié 6 1/2, pour fixer le bas d'emmanchure. On marque aussi, au bas du cadre du devant, le tiers de la grosseur 48, c'est-à-dire 16, qu'on nomme *centre*, parce qu'il est le centre de ceinture, et on divise celle-ci par moitié, ainsi que l'indique la figure 9, en plaçant 20 en avant et 20 en arrière, puis on retire de cette dernière partie les 6 du bas du dos.

Enfin, sur la ligne qui sépare le dos du devant, on descend 10 pour la pente d'épaule, où l'on tire une ligne biaisée qui part du point 24.

On descend de même à 10 le devant d'encolure, en distançant celle-ci du douzième 4, de la ligne du devant du cadre, après quoi on trace le devant dans son entier, ainsi que l'indique la figure 10, en laissant un peu d'aisance au devant de ceinture, non compris la largeur du bas du revers; en sortant le rond du côté autant que le cintre du côté du dos est rentré au dedans de la ligne biaisée, puis en remontant de 3 le cintre du bas du corsage au creux du dessus de la hanche.

En traçant ce corsage, nous avons conservé le tracé dès longtemps appliqué. Il ne nous a pas paru nécessaire d'admettre une combinaison particulière pour ce seul fait d'un ou de plusieurs déplacements de coutures qui ne sont, à notre avis, qu'affaire de goût et de mode. Ainsi, le déplacement de couture d'épaule pour porter celle-ci moins en arrière, comme à la figure 11, consiste à laisser plus de largeur au haut du dos (soit 7 1/2 au lieu de 6), plus de hauteur à la petite carrure (soit 5 au lieu de 3), et à retirer à l'épaule du devant la hauteur fournie par l'épaule du dos ; les contours d'encolure et d'emmanchure demeurent les mêmes dans leur ensemble, rien n'est changé.

Il en est de même pour le prolongement de la taille, en élargissant le bas du côté, en raison de la largeur de la pince verticale à pratiquer sous le bras. Il en est encore de même pour la pente d'encolure ne descendant qu'à 8 1/2, au lieu de 10, et *vice versâ*.

Cette disposition à modifier la forme du corsage, tout en observant les points donnés par la construction habituelle de son cadre, nous conduit au dessin des divers modèles de vêtements. Avant d'entrer dans cette série d'études variées, nous continuerons le tracé du corsage en y appliquant les mesures intégrales.

Application des mesures intégrales au tracé du corsage.

Avant de tracer le corsage à l'aide des mesures intégrales, revenons aux mesures de la taille moyenne proportionnée, que nous avons données page 2.

Le cadre du corsage est toujours établi par la grosseur et le quart (48 et 12, c'est-à-dire 60), puis la hauteur du buste, 54, dont on retire un douzième, 4. Ce cadre est donc, comme le précédent, de 60 de large, comprenant 20 pour la partie du dos, 40 pour la partie du devant, puis de 50 de haut. (Voir figure 12, planche III.)

La différence de 5, qui existe entre le buste 54 et la courbure 49, fixe le haut du dos. Le douzième de grosseur, 4, cambre le bas sur lequel s'appuie la ligne un peu biaisée du milieu du dos, puis le huitième de grosseur, 6, fixe les largeurs du haut et du bas.

Ainsi que nous l'avons dit, en traitant de la prise des mesures, une diagonale du dos, dont la moyenne est de 24, pour 19 de carrure, pourrait être substituée au quart de la longueur du dos, plus 2 (voir la figure 13). Ici les 19 de carrure correspondent aux 20 du cadre du dos, dont 1 a été enlevé par la ligne biaisée du milieu, mais cette largeur, toujours réglée par la mesure, dépassera ou rentrera dans le cadre du dos, suivant la largeur en plus ou en moins de la carrure, et la diagonale y fixera ensuite la hauteur de la petite carrure en la plaçant comme au modèle réduit, de la nuque au bas de la petite carrure.

Pour tracer le devant l'avancement d'épaulette est fixé comme au tracé précédent, par la demi-grosseur, 24. Il en est de même des 4 du crochet du haut du côté, et du point pivotal, 16, qui est placé comme centre de ceinture sur la ligne du bas du carré.

Le reste du tracé du devant est fait à l'aide des mesures intégrales; ainsi, la pente d'épaule est fixée à 10 pour les 5 de la mesure 8 que nous doublons. Le buste 54, se place en le descendant dans le cadre du devant, à partir du point 24, où nous laissons passer les 6 du haut du dos, et en dirigeant la mesure vers le point 16, ou centre de ceinture, et en marquant en passant les 32 de profondeur d'emmanchure, où se trace la ligne transversale qui marque le bas de celle-ci.

Le diamètre d'emmanchure est fourni par le complément de la mesure d'avancement, 32, dont 19 ont été donnés à la carrure du dos.

Enfin, la courbure, 49, divisée à cause de la séparation qui existe entre le dos et le côté, s'applique de la manière suivante : 1° en comptant ce qu'en a pris le dos, le ruban métrique étant dirigé en bas de la nuque au cintre du côté de dos, à l'endroit où passe la transversale du dessous de bras et en donnant le reste de la mesure 49, à laquelle on ajoute 2, à la ligne biaisée comprise entre le point pivotal 16 et la ligne transversale du dessous de bras, pour établir le rond du côté.

Ce dernier point établi avec soin, on procède au tracé complet du devant comme à la figure 14.

Nous offrons, figures 15, 16 et 17, des corsages pour trois grosseurs échelonnées de 3 en 3 au-dessus de la moyenne 48. Ce sont les grosseurs 51, 54 et 57, dont voici les mesures intégrales :

1 Grosseurs du haut	51	54	57
2 Ceintures.	44	49	54
3 Carrures	20	21	22
4 Avancements d'emmanchures	34	36	38
5-6 Profondeurs d'emmanchures et bustes . .	33 1/2, 56	35, 57	37, 58
7 Courbures	51	52	53
8 Pentes d'épaule.	5 1/4	5 1/2	5 3/4

Les fractions des grosseurs :	51	54	57
sont de : moitiés	25 1/2	27	28 1/2
quarts	12 3/4	13 1/2	14 1/4
huitièmes	6 3/8	6 3/4	7 1/8
seizièmes	3 3/16	3 3/8	3 9/16
douzièmes	4 1/4	4 1/2	4 3/4

Nous verrons plus loin, que ces fractions des diverses grosseurs utiles à nos tracés, sont obtenues sans calcul à l'aide de l'échelle des proportions qui les ramène toutes au fractionnement, si simple, de la grosseur 48.

Ce que nous avons démontré, planche III, pour les tracés de corsages destinés à des tailles plus fortes que la moyenne, nous le répétons pour des tailles plus minces que la moyenne dont les mesures intégrales sont pour des types élancés, eu égard aux grosseurs du haut, de même que ceux que nous avons présentés précédemment sont pour des tailles courtes, eu égard aux mêmes grosseurs.

Ces trois corsages de tailles minces sont pour les grosseurs, 45, 42, 39.

Voici les mesures intégrales sur lesquelles ils sont établis :

1	Grosseurs du haut du buste	45	42	39
2	Ceintures	38	36	34
3	Carrures	18	17	16
4	Avancements d'emmanchures	30	28	26
5-6	Profondeurs d'emmanchures et buste. .	30, 52	29, 50	28, 48
7	Courbures	47	45	43
8	Pentes d'épaule	4 1/2	4	3 1/2

Les fractions de la grosseur du haut s'obtiendront par le même procédé qu'aux tracés précédents.

Pour compléter notre étude du corsage, nous présentons, figures 21 et 22, deux coupes bien distinctes ayant également les grosseurs 48, 40, mais dont les conformations sont opposées, l'une étant du type voûté, l'autre du type renversé.

Voici les mesures intégrales :

		Voûté	Renversé
1	Grosseurs du haut du buste	48	48
2	Ceintures	40	40
3	Carrures	20	18
4	Avancements d'emmanchures	33	31
5-6	Profondeurs d'emmanchures et buste . . .	30, 52	33, 56
7	Courbures	51	47
8	Pentes d'épaule	5	5

En reproduisant en grand ces divers tracés on se rendra suffisamment compte de l'importance des mesures et de leur application et en traçant le corsage, figure 23, on aura une première notion du tracé de tous vêtements dans le cadre du corsage.

Du tracé des basques, jupes et manches.

La basque d'habit est tracée dans un angle droit ainsi que l'indiquent les figures 24 et 25, planche V.

Si l'habit est de forme habillée, c'est-à-dire ne boutonnant pas, on procède comme à la figure 24, en descendant le douzième 4 à partir de la pointe de l'angle pour déterminer le rond du haut et la largeur de la bandelette tirée d'équerre ; au point 4 on rentre le haut du pli à 5, soit à un de plus que le douzième, puis le bas du pli à 3, soit à un de moins que le douzième. C'est donc le douzième de la grosseur qui a le plus grand rôle dans ce tracé.

La largeur du haut de basque est de 2 centimètres de plus que la largeur de ceinture, non compris le pli ; puis la bandelette formant la basque à marteau est échancrée en moyenne de 14, soit 2 de plus que le quart de grosseur.

La largeur du bas est facultative ; il en est de même de la longueur qui est soumise aux variations de la mode.

Le devant de basque se dessine par une ligne très faiblement arrondie qui devient droite en serrant le bord par le passement, et la transversale du bas, au lieu d'être tout à fait horizontale, remonte un peu vers le devant.

Si l'habit est destiné à boutonner, au lieu de descendre le douzième, 4, pour déterminer la partie arrondie du haut de la basque, on peut descendre 5 ainsi que l'indique la figure 25. Le reste de la basque est tracé comme à la précédente. Le même procédé est employé pour tracer la basque pleine de la jaquette très-abattue devant, à la manière de l'habit à la française, figure 26.

Pour régler l'aplomb et la largeur de la basque, on peut poser sur celle-ci, comme à la figure 24, le côté du corsage tel qu'il doit être en le montant en tête du pli, afin que la cambrure ne soit ni trop, ni trop peu accusée en tenant compte de la cambrure plus ou moins accusée du client. On peut aussi poser le devant sur la transversale du haut de la basque comme la figure 25, afin de se rendre compte si le bas du corsage n'est pas trop bas, proportionnellement à la partie de la hanche et éviter que la basque retombe en tuyautant.

La jupe de redingote se trace aussi sur un angle droit ; mais ici, l'angle est devant, c'est-à-dire du côté où la jupe présente le droit-fil de l'étoffe.

Le procédé est simple ; les jupes, selon leur degré d'ampleur, reposent sur une échelle ainsi que nous les présentons figure 27.

La plus plate, qui est la jupe actuellement admise, n'est que de 4 plus haute derrière que devant, ainsi que l'indique la ligne tracée d'équerre sur la ligne A, à 4 au-dessus du 0, et, suivant l'ampleur désirée, on peut élever les lignes d'équerre, au-dessus du 0, aux points 8 ou 12 ; tracer le cintre de plus en plus prononcé, sur une ligne plus courte et, conséquemment, développer le bas, toujours en prenant pour base de l'aplomb, l'application du devant et du côté du corsage, sur le haut de jupe, de manière que nous l'indiquons plus haut pour la basque d'habit.

Nous présentons, figure 28, le tracé de la jupe plate, séparée de l'échelle des jupes qui précède, et sur celle-ci nous plaçons le côté pour régler la cambrure en descendant plus ou moins la tête du pli.

Sous ce rapport, la redingote ne diffère pas de l'habit. La différence dans l'aspect des deux figures ne provient que de la manière de tracer sous l'angle droit le pli de la basque d'habit, tandis que c'est le devant de la jupe qui est placé sous ce même angle.

La basque et la jupe étant coupées l'une et l'autre, on peut se convaincre de ce que nous avançons, en plaçant l'une sur l'autre du côté du pli. C'est donc uniquement pour placer autrement leur droit-fil que la basque et la jupe se tracent par deux procédés en apparence très différents.

La manche est tracée à l'aide de la mesure prise du côté du coude, en marquant les trois chiffres sur une ligne droite, 19, 52, 82, que nous avons donnés page 2, en traitant de la prise des mesures sur une taille moyenne proportionnée.

On procède donc au tracé de la manche en tirant une ligne de 82 de longueur sur laquelle on indique la carrure, 19, et la longueur au coude, 50.

Au point 19, marquant la carrure, est nécessairement le haut de manche et la ligne transversale tracée en cet endroit fixe, le talon ou haut de couture de coude. Au-dessus de ce point on élève 3 ou seizième de grosseur, et on y tire une ligne transversale qui a le quart de la grosseur 12 pour marquer le haut du rond de manche. La transversale tirée au point 19 est limitée par 22, c'est-à-dire 2 de moins que la moitié de grosseur, puis du point où on élève 3 on descend sur la grande ligne, la moitié de 22, c'est-à-dire 11, après quoi on trace le rond de manche en l'appuyant sur 22, 12 et 11, ainsi que le présente la figure 29.

A la hauteur du coude, 52, on tire d'équerre une ligne de 24 ou demi-grosseur et du bas, une ligne d'équerre que nous fixons à 16, mais dont la longueur est facultative, suivant la largeur que l'on désire donner au bas de manche. Au-dessus du chiffre 82, nous élevons un douzième, 4 qui marque le bas de la couture de saignée, puis nous traçons la manche dans son entier en donnant au-dessous un peu moins de largeur dans la partie du talon, et en échancrant celui-ci comme l'indique le modèle réduit.

Ce procédé extrêmement simple peut se modifier en séparant d'abord la manche de la largeur de carrure, 19, ce qui réduit la ligne de construction à la longueur réelle de la manche, 63, plus les 3 du rond du haut, ensemble 66, ainsi que nous l'indiquons figure 30, planche VI.

Pour tracer ainsi la manche, nous supposons donc sa mesure isolément, 33 au coude et 63 au poignet; mais comme nous ajoutons 3 du haut pour former le rond du dessus, le coude et le bas descendent à 36, 66, c'est-à-dire à 3 de plus que la mesure prise.

Si, de cette manche un peu large, on désirait faire celle qui accuse mieux le bras ce serait par la couture de saignée qu'il faudrait la cintrer, ainsi que l'indique le trait brisé et si on la voulait large du bas, c'est au bas de la couture du coude que serait ajoutée la largeur en plus.

Nous présentons comme coupe particulière ou économique, une autre manche, figure 31, dont le dessus est élargi, notamment du haut, et le dessous plus étroit en conséquence. C'est une des variations qu'on peut faire subir à la manche sans jamais perdre de vue les points de construction sur lesquels sont établies les premières, figures 29, planche V, et 30, planche VI.

En traitant de la coupe des vêtements de formes particulières, nous présenterons les formes de manches qui leur conviennent.

Des tailles prolongées, des revers et cols et des diverses formes de vêtements.

La figure 32, planche VI, présente un exemple de taille prolongée. Elle nous indique que le corsage, plus long que la taille naturelle, s'élargit dans le bas en raison de la longueur ajoutée. Ainsi, le bas du côté, au lieu de rentrer dans le cadre du devant comme aux précédents tracés des corsages de taille moyenne proportionnée, pose sur la ligne du cadre, en sorte que sur la moitié de ceinture, 20, qui est de ce côté, on ne déduit pas en entier les 6 du bas du dos; et le devant, élargi en dehors de la demi-ceinture, présente aussi une coupe moins rentrée du bas que s'il s'agissait d'une taille courte ajustée. Enfin, en raison du prolongement et de la façon dont la taille est élargie, on pratique une pince verticale sous le bras qui retire, dans le creux du dessus de la hanche, la largeur en trop. Si cette modification est très prononcée, il est bien de fermer un peu l'emmanchure en y rentrant la pointe du haut du côté, à 5 au lieu de 4, par exemple; en pratiquant la pince, cette même pointe du côté reprendra sa place et ramènera l'emmanchure à sa largeur.

Pour dessiner l'anglaise ou revers rapporté, on donne à celle-ci la hauteur du devant; on la trace en ligne droite, le plus souvent dans la partie qui doit s'attacher au devant du corsage, sauf à donner du rond, s'il y a lieu, à son bord extérieur; cependant avec les revers plats, châlant bas, on trace aussi l'anglaise un peu creusée à son attachement, notamment lorsque le devant offre assez de rond à la poitrine. Quant à l'angle du haut de l'anglaise, il est aigu ou abattu à volonté; c'est une pure question de goût et de mode.

Les cols s'établissent toujours par l'encolure et de diverses manières: la plus simple est celle que nous offrons, figures 32 et 33.

On place sous l'épaulette et l'encolure un morceau de papier destiné à couper le patron du col, puis en raison du degré de renversement que l'on veut obtenir, on trace la cassure du col appuyée du haut sur la pointe de l'épaulette; on dessine le devant du col appuyé sur le devant d'encolure, en rapprochant les deux parties, si le col ne doit entraîner qu'un petit châlement de revers comme à la figure 32, ou en écartant un peu l'extrémité du col si celui-ci doit entraîner un châlement bas et un peu fixé, comme à la figure 33.

Le châlement libre se traite comme le châlement court, en traçant le col identique au devant d'encolure. On y fait simplement la cassure roulante, c'est-à-dire non brisée au fer, au moins dans la partie du devant de col.

Enfin, suivant le degré de hauteur du pied du col et suivant le degré de largeur du tombant, on dessine l'un et l'autre: le pied du col sous la pointe de l'épaulette et le tombant en dehors de celle-ci. Et si le col à tombant large est en même temps très bas du pied, on cintre un peu celui-ci à son attachement, d'une cassure à l'autre, et on laisse plus de longueur au tombant pour lui permettre de se développer.

Lorsque les devants du corsage et de la jupe sont attenants l'un à l'autre, le prolongement de la taille n'agit point sur ceux-ci ; le côté en subit seul la différence. Dans ce cas, le revers est aussi attenant au devant du corsage et la pince d'encolure est reculée.

Cette coupe, dont le côté seul est rapporté, est généralement désignée sous le nom de Dorsay. Ainsi que l'indique la figure 33, les deux parties A, A, qui ne forment qu'un seul morceau, se rapportent au côté par les deux coutures B, C, en laissant assez d'aisance dans le bas pour creuser le dessus de la hanche. Nous reproduisons le même modèle, figure 34, tracé dans le cadre du corsage dont nous nous sommes occupé dans nos premières leçons, en laissant simplement un espace de 6 entre le cadre de 20 qui renferme le dos, et le cadre de 40 qui renferme le devant, espace qui permet de donner à la jupe le développement qui lui est nécessaire.

Nous faisons suivre cette coupe par celle dont le côté est comme le devant, attenant à la jupe.

Ces deux coupes, figures 34 et 35, planche VII, donnent un résultat à peu près égal, bien que présentant chacune un caractère particulier.

Naturellement, pour exécuter la coupe à côté rapporté, on trace les patrons du devant et du dos dans leur entier, tels que nous l'indiquons figure 34 ; mais pour tracer le côté qui recroise sur la jupe, on place au-dessous du tracé de celui-ci un morceau de papier sur lequel on décalque ce côté qu'on obtient séparément.

Quant à la coupe à côté attenant, on l'exécute en laissant plus de largeur à la cambrure, en raison de la pince pratiquée au-dessous du bras et, pour éviter le tendage entre les points A et B de la cambrure, on tire en ligne droite la partie de cette pince qui appartient au côté ; on cintre la partie qui appartient au devant et, comme ce cintre présente plus de longueur que la ligne droite du côté, on élève celui-ci en conséquence dans l'emmanchure, afin qu'en faisant la couture le côté descendu à sa place présente de la longueur en A B, sans le secours du tendage au fer et ce procédé est infiniment préférable surtout si l'on désire une jupe qui présente un peu de développement. Pour la jupe tout à fait plate, cela présente moins d'importance.

Les coupes de forme twine et sac, que représentent les figures 36 à 39, planches VIII et IX, sont encore établies dans le cadre du corsage plus un espace qui peut varier et que nous fixons ici à 10, pour trouver la largeur nécessaire au développement des jupes longues, entre les 20 du cadre du dos et 40 du cadre du devant.

Moins ajustées que les formes Dorsay qui précèdent, les formes twine présentent particulièrement plus de largeur en leur partie du dos, cependant il en est qui dessinent plus ou moins bien le creux des reins.

En marquant dans le cadre du modèle tous les points qui servent à tracer le corsage ou le dorsay, le changement à opérer est tout entier dans le dessin. On voit, en effet, que le dos, figure 36, est cambré au milieu comme au corsage, seulement il est large dans sa partie du côté et fournira, conséquemment, un peu de largeur au côté du devant, bien que dans celui-ci il y ait une pince pratiquée sous le bras. Cette disposition à flotter un peu dispense d'employer la mesure de courbure autrement que pour connaître de combien le dos descend dans le cadre, à sa partie supérieure où l'on donne toujours un centimètre de plus en hauteur de même qu'un centimètre de plus en largeur, puisque cette forme implique le pardessus ; puis en descendant la carrure du dos, celle-ci empiète sur le côté.

La même observation se présente pour le pardessus-twine demi-ajusté, représenté par la figure 37, qui ne varie d'avec la figure 36 que par son cran du bas du milieu du dos et sa taille un peu plus dessinée.

Il va sans dire que ces deux coupes peuvent subir des modifications qui les rendent plus droites en diminuant ou en supprimant le cintre du dos, puis la pince du dessous de bras. Dans ce cas, si l'on veut un peu de cintre, comme à la figure 38, le tendage de la cambrure ne peut être évité.

Quant au pardessus, figure 39, sa coupe droite est celle du sac, dispensée de toutes pinces et dispensée de tout tendage.

Ce qui distingue encore ces tracés, c'est le sommet d'épaulette avancé à 25 pour 24, c'est-à-dire à 1 de plus que la demi-grosseur. Cette modification s'impose par la tendance qu'ont les formes flottantes à retomber du devant, surtout lorsqu'elles présentent de la largeur en plus dans le haut du dos. L'emmanchure avance comme l'épaulette.

La figure 40 offre le type de devant de pardessus à croisure large, taille accusée et côté rapporté.

La figure 41 offre le type à taille accusée comme le précédent mais avec côté non-rapporté et le devant droit, boutonnant jusqu'en haut.

La figure 42 est une coupe de pardessus croisé à dos droit, en sac, avec col à châle, la robe de chambre est de coupe identique à ce pardessus dont elle ne varie que par un peu de longueur en plus.

La figure 43 est d'une coupe particulière, à côté rapporté de haut en bas. On a employé cette coupe comme coin de feu. A cette fin, nous la présentons avec le devant droit boutonnant jusqu'en haut.

Ces modèles de coupes diverses donnent la clé du système pour tracer toutes formes de vêtements dans le même cadre que le corsage, soit à la grosseur moyenne que nous offrons, soit à l'une des grosseurs dont nous avons tracé les corsages représentés dans nos planches III et IV. Nous verrons plus loin qu'en nous servant du corsage découpé, celui-ci établit également toutes formes de vêtements. Avant cela nous devons étudier les mesures et la coupe du gilet et du pantalon.

Des mesures et de la coupe du gilet.

Le tracé du gilet s'établit par les mesures indiquées figure 44, planche XII, lesquelles sont pour la taille moyenne ainsi qu'il suit :

Grosseur du buste	48
Ceinture	40
Buste	53
Courbure	49
Longueur juste du devant	57

Lorsqu'on a pris les mesures de la grande pièce, ou vêtement de dessus, on a celles du gilet qui sont en tous points les mêmes, car pour le vêtement c'est sur le gilet que les deux grosseurs sont prises, et par le procédé que nous démontrons ici, les mesures de buste et de courbure sont aussi les mêmes, sauf 1 c. de moins au buste. Il n'y a donc que la longueur du devant à ajouter, et celle-ci, que nous donnons juste à hauteur de ceinture, se prend, pratiquement, à la longueur que l'on désire faire le gilet ; ainsi pour la même proportion dont nous avons ci-dessus les mesures, celle du devant prise juste se prolongerait de 57 à 63 en moyenne, et, conséquemment, le côté du gilet serait prolongé au-dessous du buste, tel que nous le verrons plus loin.

Pour tracer le gilet on procède d'abord à la formation de son cadre dont la largeur est composée des 48 de grosseur plus 6 ou 8me de cette grosseur, ensemble 54, que l'on divise en deux parties égales de 27 chacune, l'une d'elles étant destinée au devant, l'autre au dos, comme à la figure 45. En haut du devant on marque le quart de grosseur, 12, à partir de l'angle, pour fixer le sommet d'épaulette, en sorte qu'il reste 15, sur les 27, pour la largeur de cette dernière.

Sur la ligne du milieu, on descend les fractions de la grosseur suivantes : 5 ou 1 de moins que le 8me, 19 ou 3 8mes plus 1, et 25 ou la moitié plus 1. En face du point 19, on tire d'équerre une ligne de 7, ou 1 de plus que le 8me, pour appuyer le tracé de devant d'emmanchure sur 5, 7 et 25.

Au bas de la ligne du milieu, on trace une petite ligne parallèle à 4 ou 1 12me de distance, et en procédant comme à la figure 46, on descend sur le point 4, la mesure de buste 53, dont on laisse dépasser, du haut, le 6 que l'on donnera au haut du dos.

En avant du point 4, on marque transversalement la demi-ceinture 20, où l'on trace une ligne parallèle à celle du devant du cadre, et sur cette ligne, on descend la longueur du devant dont nous n'avons ici que la mesure juste 57, en laissant dépasser, du haut, les 6 du haut du dos, ainsi que nous l'avons fait pour le buste.

Dans l'autre partie du cadre on fait le tracé du dos en marquant d'abord, du bas, la demi-largeur de ceinture 20, à laquelle on ajoute 3, pour l'aisance ou le serrement de la boucle. Ces 23 partent de la ligne extérieure du cadre à la hauteur de la hanche, c'est-à-dire bien en face du point 4, marqué au côté du devant et en remontant, de l'endroit où sont arrêtés les 23, on place en diagonale la courbure 49, à laquelle on ajoute 2, pour la même raison qu'on a ajouté 3 à la demi-largeur de ceinture. Cette mesure, 49 plus 2, atteint ici le haut du cadre où l'on donne 6 de largeur au haut du dos : au-dessous de l'angle on descend ces 6, plus leur moitié 3, ensemble 9, pour marquer la hauteur de la carrure ou l'on trace d'équerre une ligne transversale et on limite la longueur de celle-ci par 3 8mes plus 1, c'est-à-dire 19, pour former l'angle de carrure, ou on dessine l'épaule puis l'emmanchure du dos, et on achève le dessin du gilet.

La figure 47 reproduit ce même gilet pour une tenue droite, proportionnée sur les grosseurs 48, 40, comme les précédentes, avec cette seule différence, qu'ici, la longueur du devant est plus longue, suivant le goût ou la mode, et que, conséquemment, tout le gilet est plus long que la taille juste, ainsi qu'on le fait pratiquement.

En raison de la longueur en plus, le devant est plus large à la ceinture, afin que le bas retombe toujours sur la ligne placée à 20 de la hanche, puis une pince pratiquée verticalement sous la patte de poche, retire la largeur de ceinture en trop.

Pour accuser le rond de la poitrine, une pince pratiquée transversalement sous le bras, fait mieux que la pince que beaucoup de tailleurs pratiquent en biais dans l'emmanchure. Dans ce cas, il faut tracer l'emmanchure un peu plus haut que son point 25, la pince la descendra et la remettra à sa place.

La figure 48 présente la différence établie par les mesures de buste et de courbure pour la conformation voûtée. Ici, la mesure du buste étant plus courte, de 51 au lieu de 53, le devant est plus court, mais cette longueur en moins, du devant, est compensée par la longueur en plus du dos, ainsi l'emmanchure du devant descend juste à la moitié de grosseur 24, mais celle du dos est grandie en raison de la courbure qui remonte la carrure de cette partie du gilet. L'épaulette du devant est avancée de 1, c'est-à-dire qu'elle est placée à 11 au lieu de 12, et la poitrine est tracée un peu droite, puis les pinces qui deviennent inutiles pour cette conformation, sont entièrement supprimées.

La figure 49 présente une différence en sens inverse de celle qui précède, différence établie encore par les mesures de buste et de courbure pour la conformation renversée, présentant la mesure de buste plus longue, et celle de courbure plus courte, en sorte que l'emmanchure du devant est descendue à 26 au lieu de 25, pour compenser ce qu'il y a de hauteur en moins dans celle du dos.

L'épaulette est reculée de 1, ce qui la fixe à 13 au lieu du quart de grosseur 12, et la poitrine plus saillante, entraînant à donner un peu plus de largeur au devant, même à la ceinture, cette largeur étant retirée par une pince plus prononcée dans le bas qu'à la tenue droite.

Cette étude toute pratique des conformations opposées dans une même proportion, donne une idée assez exacte des différences qui peuvent se produire par les mesures; nous en présenterons une autre dans le type gros, figure 50.

Le cadre que nous avons établi, contenant le dos et le devant réunis, n'est pas du tout de rigueur; on peut le remplacer pour la coupe pratique, en séparant le dos du devant, ainsi que le présentent les figures qui suivent.

La figure 50 offre un gilet pour une taille très forte: grosseur du buste 60, ceinture 60, buste 60, courbure 57, et longueur du gilet sur le devant, 70.

Pour des proportions aussi fortes il faut observer que l'emmanchure descend un peu moins que la moitié de la grosseur plus 1. Ainsi, à cette coupe pour 60, la moitié plus 1, ferait 31 et nous n'inscrivons que 29. Quant à l'aisance à ajouter elle est aussi un peu plus grande que s'il s'agit d'une taille moyenne.

Nous n'y avons pas pratiqué de pince au-dessous de l'emmanchure, cela n'implique pas que les gros bustes n'en ont jamais besoin, mais nous avons appliqué la pince pratiquée dans la couture de patte de poche pour bien emboîter le ventre.

La figure 51 est un gilet pour taille moyenne, présentant la forme droite et sans col, montant un peu haut et pourvu des trois pinces d'épaule, de dessous d'emmanchure et du bas; la première pince applicable à une épaule un peu creuse, les deux autres dessinant le développement de la poitrine.

La figure 52 est un gilet croisé pour taille moyenne, dont le col posé à plat, est arrondi à son bord extérieur.

La figure 53 est un gilet pour taille moyenne, de forme droite demi-ouverte, avec col à châle présentant pied et tombant tel qu'on les a fait longtemps.

La figure 54 est un gilet droit et sans col établi pour la grosseur 42.

Des mesures et de la coupe du pantalon.

Les mesures du pantalon se prennent comme l'indique la figure 55, planche XIV.

Mesures suivant la méthode pour une taille moyenne.

1° Longueur du côté, au genou et au bas du côté 57, 104
2° Entre-jambes. 80
3° Ceinture 38
4° Bassin 48
5° Fourche ou tour de cuisse du côté fort 32
6° Oblique, en passant sous la fourche, côté fort 82

Mesures suivant la mode :

7° Tour du genou.
8° Tour total du bas.

Pour tracer le pantalon, on tire une ligne de la longueur totale du côté, 104, sur laquelle on tire d'équerre deux lignes: la première, longue de la demi-ceinture, 19, la seconde d'une longueur facultative, et que nous fixons ici à 19, figure 56.

A partir du bas, on remonte sur cette ligne le ruban métrique à la longueur d'entre-jambes 80, où l'on croise la craie sur la mesure pour former le compas, et on tire un petit rayon à cette hauteur 80. Sur ce rayon où poseront les fourches, on pose 8 que l'on déduit de la grosseur de fourche 32, et, en face, on détermine la largeur de surface de la cuisse par 24 ou moitié du bassin. Sur les 8, donnés à la fourche forte du devant, on rentre 3 pour réduire à 5 la fourche faible, puis, à partir du bas, on tire la ligne d'entre-jambes, qui repose sur la fourche faible de 5, après quoi on complète l'entre-jambes de la fourche forte en traçant une autre ligne qui descend sur la première qu'elle rencontre à peu près à la hauteur du genou.

Sur la ligne de construction 104, on descend, ainsi que l'indique la flèche, la longueur au genou, 57, et à cette hauteur, on marque la largeur du genou, 22, à partir de la ligne d'entre-jambes, puis, au bas de l'entre-jambes on ressort 1 centimètre environ, pour aider au tendage.

On dessine le pont et les deux fourches, comme l'indique la figure 57, on descend de deux le haut du devant qui toujours monte moins que la hanche, lorsque la ceinture est un peu mince, puis on dessine le devant dans son entier, en marquant le creux du genou au côté.

Pour tracer le derrière, on place sur la partie d'étoffe qui doit l'établir, le devant découpé tel que nous venons d'en indiquer le tracé.

On marque d'abord, sur la ligne transversale du haut du devant, la moitié moins 2 de la demi-ceinture 19, soit 7 1/2, comme à la figure 58, et au-dessus de ce point 7 1/2 on élève la moitié du 19, soit 9 1/2, si le pantalon est à bretelles, ou 7 1/2 seulement s'il doit être porté sans bretelles. Ces 9 1/2 ou 7 1/2 fixent le haut du derrière appelé la hausse.

A la fourche, on sort 4 en dehors de celle du devant. Ces 4 qui sont le 12ᵐᵉ du bassin, fournissent l'aisance nécessaire en cet endroit.

Du bas, on marque au côté, en partant de la ligne de l'entre-jambes, la partie qui complète le tour total du bas, puis en appuyant le côté du derrière sur celui du devant, on sort le rond du mollet et la largeur du bas comme l'indique le modèle.

Pour terminer le haut on prend note de ce qu'il est entré dans le devant, de la mesure oblique 82, et comme on trouve que le devant en comprend 37, depuis sa fourche forte jusqu'à la hanche, on donne le reste, 45, au renversement du derrière, depuis la pointe de fourche de celui-ci jusqu'à la hanche également,

On remarquera que l'élargissement de 4, de la fourche du derrière, a été donné comme aisance ou supplément à la largeur de fourche 32, tandis que, dans l'application de la mesure oblique, nous ne donnons que la mesure juste, sans y rien ajouter. Cela tient à ce que l'oblique est dans les deux biais du devant et du derrière du pantalon.

Enfin, on s'assure si le renversement du derrière, ainsi établi par la mesure oblique, a donné trop ou trop peu de largeur à la demi-ceinture. S'il y a un peu trop de largeur, comprise entre le côté et le sommet de la hanche, c'est que l'oblique a passé sur un développement de bassin qui est fort comparativement à la ceinture, et c'est le cas de pratiquer une pince. Si, au contraire, le haut ne présente pas assez de largeur pour la demi-ceinture, c'est que celle-ci est forte, comparativement au développement du bassin, et c'est le cas d'élargir le derrière par la cambrure.

Ce pantalon est celui qui se divise par moitié à la largeur du bassin, où le derrière ne dépasse pas le côté du devant. Sans le changer de forme, mais avec un peu de largeur en plus au genou, on peut tracer le côté du devant tout droit, ainsi que le présente la figure 59.

Si on voulait le pantalon à côté droit du devant avec le genou étroit, il faudrait le dédoubler à la hauteur du bassin. Tel est le modèle dont nous donnons séparément le devant et le derrière, figure 60, planche XV. Le devant que nous présentons comme étant tracé au bord du pli de l'étoffe, s'établit en marquant d'abord la largeur du bas, 19, d'où nous remontons d'abord le chiffre 80, où se trace le rayon des fourches. A cette hauteur 80, qui est l'entre-jambes, au lieu de donner à la surface de cuisse le demi-bassin 24, nous ne donnons, par exemple, que 21, mais nous tenons bien compte que 3 manquent à la largeur pour parfaire le 24, et il est prudent, pour n'en rien oublier, d'y épingler un petit morceau de papier ressortant de 3 centimètres, afin qu'en traçant le derrière on se rende parfaitement compte qu'au lieu de 24 de largeur de bassin, il en faut 27, pour suppléer aux 3 qui manquent au devant. Ceci entendu, tout le reste du pantalon se trace, haut et bas, bien d'équerre sur la ligne de construction 104, afin que rien ne change dans l'aplomb du pantalon.

Nécessairement, le derrière présentera plus de cintre à la hauteur du genou, plus de rond au bassin, mais en assemblant les deux parties, l'ensemble sera comme au pantalon qui précède, sauf le déplacement de la couture du côté, au bassin, et le genou devenu plus étroit, sans creuser le côté du devant en cet endroit.

Le pantalon à la hussarde, figure 61, est plus plein à l'entre-jambes que le pantalon ordinaire. Pour obtenir ce résultat, on tire la ligne de l'entre-jambes du devant appuyée sur la fourche forte de celui-ci au lieu de la tirer sur la fourche faible comme aux tracés qui précèdent, puis on rentre la fourche faible de 3 en sorte que sous celle-ci il y a un peu de rondeur jusqu'au genou, mais cette rondeur disparaît en assemblant le devant avec le derrière, puisqu'en cette partie la pointe laissée au derrière cintre toujours le haut de l'entre-jambes sans cette particularité, le tracé du pantalon à la hussarde ne présente de changement qu'au côté où la partie large ne part que de la hanche afin d'éviter que l'ampleur retombe dans l'entre-jambes. La partie supérieure du côté du devant est donc tracée comme si on se dirigeait vers le point 24, tel que nous l'indiquons à l'endroit marqué A et le juponnement ou ampleur du côté se développe particulièrement vers le point B.

Pour tracer le pantalon extrêmement collant, la culotte longue et la culotte courte, rien n'est changé dans l'application des mesures, surtout si l'on a le soin en prenant les mesures de la culotte, de prolonger celle de l'entre-jambes comme s'il s'agissait de faire un pantalon.

Rien de plus simple, alors. La culotte n'est autre qu'un pantalon collant qui se termine à la cheville si elle est longue et à 5 ou 6 centimètres au-dessous [de la mesure prise juste au genou, au côté, si elle est courte et à jarretière. Tel est le tracé que nous présentons figure 62. Pour la culotte courte, on arrondit un peu le bas du devant dans sa ligne transversale et on creuse le bas du derrière, puis on laisse au côté du derrière un peu de marge à l'endroit ou se posent les boutons de l'ouverture du côté. Pour la culotte longue on laisse la marge de boutonnement du genou jusqu'au bas et on monte les coutures de côté et d'entre-jambes en laissant un peu de longueur au devant à la hauteur du genou, et un peu de longueur au derrière à l'endroit du mollet, ainsi qu'on le fait au pantalon demi-collant pour toilette de ville.

Quant à ce dernier, inutile d'ajouter le tracé, il est évident qu'il s'établit comme le pantalon demi-large, figures 56 à 58, ou comme la figure 60, avec cette seule différence qu'il est plus pincé au genou, soit au devant comme au derrière, s'il est coupé comme le premier, soit au derrière seulement, s'il est coupé comme le dernier.

Le pantalon à pied se coupe de diverses manières : celui que nous offrons, figure 63, est le type ordinaire, large et coulissé du haut et suffisamment étroit du bas pour y adapter l'empeigne dans la partie creusée du bas du devant, puis la semelle avec le tour de l'empeigne et du bas du derrière en commençant par les bouts B, B.

Le pantalon court et bouffant au-dessous du genou, s'établit sur les mesures du pantalon ordinaire en laissant la largeur en plus qui est facultative, comme à la figure 64.

Nous avons démontré plus haut l'application des mesures à la coupe dans son expression la plus simple et tout à la fois aussi complète que possible.

Si nous traçons un pantalon pour un homme fort, ainsi que l'indique la figure 65, dont le tracé est surmonté des mesures, nous verrons que l'application de celle-ci ne change pas et ceci parce que nos mesures comprennent tout, proportions et conformations.

Ainsi, la ceinture et le bassin, divisés par moitié, 28 et 30, puis la largeur de fourche ou cuisse, 40 ; établissent le haut du devant. Nous n'avons diminué que de 1 centimètre la largeur du bassin comprise dans le devant où est marqué 29 pour 30 et comme conséquence, élargi de 1 centimètre la largeur du bassin comprise dans le derrière où est marqué 31 pour 30, ceci en admettant que le devant comme le derrière sont susceptibles d'être plus ou moins cintrés au côté, à la hauteur du genou, suivant le contour de ce dernier et surtout suivant le goût du client.

Le haut du derrière se fait en plaçant la hausse de 14 ou moitié de la demi-ceinture, 28 au-dessus de 12, c'est-à-dire 2 de moins que le 14 marqué transversalement sur le haut du devant. La pointe de fourche du derrière est sortie de 5 ou 12ᵐ. du bassin 60, pour donner l'aisance nécessaire en cette partie, puis comme le devant comprend 49 de la mesure oblique 109, les 60 qui restent sont donnés à l'oblique du derrière et comme la ceinture du derrière concorde à la demi-ceinture, 28, il n'y a pas lieu ni de faire de pince, ni d'élargir le derrière sur la cambrure. Il est entendu, d'après ce que nous avons démontré plus haut, que si l'on voulait le genou pas trop large tout en coupant le côté du devant en droit-fil dans le pli de l'étoffe, sauf à diminuer le bassin du devant pour élargir le bassin du derrière, on procèderait exactement comme à la figure 61. L'importance des mesures, seulement, changerait les proportions du tracé.

Des guêtres.

Les figures 66 et 67 présentent deux types de guêtres : 1° la petite guêtre dite anglaise qui se compose de trois parties : intérieur ou entre-jambes, comprenant le tracé en entier ; extérieur ou côté, comprenant la partie du derrière et la partie du devant se croisant l'une sur l'autre au côté, pour le boutonnement ; 2° la guêtre haute terminée au jarret, qui se compose aussi de trois parties : intérieur et haut du devant du côté, derrière du côté et soufflet du côté à rapporter en A, B.

La petite guêtre, au lieu de boutonner tout-à-fait au côté, peut boutonner à trois centimètres environ de la couture cintrée du devant, A, à l'aide d'une patte cintrée comme cette couture et rabattant à plat sur le côté extérieur ; dans ce cas, le côté est coupé comme la partie intérieure, n'ayant qu'un centimètre en moins sur le devant où la patte est rabattue pour boutonner.

Si de la grande guêtre, telle que nous la présentons au trait plein, on voulait faire la jambière, il suffirait de supprimer le pied, au point 12 de la ligne de construction et de continuer la patte du devant jusqu'à 12 au lieu de l'arrêter à 14. Ainsi entendue, la jambière se composerait donc de deux grands morceaux, X, X, moins le pied. Elle serait donc de 32 centimètres de hauteur compris entre 12 et 44.

La grande guêtre peut aussi monter au-dessus du genou, boutonnant ou bouclant au côté. Dans ce cas, le bas ne change en rien, le haut seulement se modifie en l'élevant plus ou moins, ainsi que nous l'avons indiqué par des traits brisés aux deux parties X, X, en touchant le point C, sur le haut de la ligne de construction, si la couture derrière ferme jusqu'au haut ou en échancrant jusqu'au point D si cette partie doit être ouverte, ainsi qu'on le fait pour la guêtre en cuir fort.

Quant à la fermeture, même observation que nous avons faite plus haut en décrivant la petite guêtre; on peut, par le procédé que nous avons indiqué, substituer la patte rapportée dans la couture du devant en coupant les deux parties à la ligne E, A, sauf un centimètre et demi en moins à la partie extérieure, puis couper une patte de 3 à 3 centimètres et 1/2 dans laquelle sont pratiquées les boutonnières.

Reproduire ces modèles tel que nous l'indiquons et les réglant par les mesures de hauteur, d'avancement du pied, de coude-pied, de tour de cheville et du haut, compris le mollet, le jarret et le genou s'il y a lieu, tel est l'art du guêtrier. La guêtre est essayée toutes coutures en dehors pour bien prendre à l'aide d'épingles ce qu'il est utile de pincer pour l'ajuster s'il y a lieu.

Des costumes de livrée.

Notre planche XVII contient des fracs et un gilet de grande livrée.

Le premier frac, figure 68, se fait le plus généralement simple ou galonné avec boutons au chiffre de la maison. La différence avec les vêtements de ville consiste dans la coupe de la poitrine étroite et arrondie, dont la basque suit la pente du bas du corsage et se termine carrément.

L'habit de cour a la même coupe que ce frac dont la basque peut être plus ou moins longue et dégagée suivant le goût et la manche, demi-large, terminée par un parement rond, fixé ou libre dans sa partie supérieure, sur lequel on place souvent trois boutons.

Le frac de livrée admet toutes les garnitures, indépendamment du galon dont nous avons parlé plus haut ; ainsi on peut garnir le devant avec des brandebourgs en or, en argent, en soie de couleur ou en laine et soie mêlées ou non mêlées d'or ou d'argent. La façon du galon varie beaucoup depuis celui d'or ou d'argent jusqu'aux dispositions à écussons au chiffre de la maison.

Pour la livrée de deuil, les galons sont ordinairement supprimés, mais les devants sont ornés de tresses de laine ou de soie noire mate formant brandebourgs.

Le frac de livrée, figure 69, est à quelques petits détails près, de même coupe que le précédent. Nous l'ajoutons ici avec tous les galons disposés à deux rangs qu'il est susceptible de recevoir pour en faire l'habit de gala et celui de suisse.

Le gilet, figure 70 qui suit ces deux fracs, est de la coupe un peu longue formant petite basque et rappelant la soubreveste Louis XV et Louis XVI.

Comme le frac, le gilet est plus ou moins galonné, selon qu'il fait partie de la grande livrée habituelle ou qu'il accompagne l'habit de gala ou l'habit de suisse.

Après les fracs vient l'habit de ville ou habit-veste. Si ce n'est par la disposition du tour de poche qui orne la basque et les boutons de métal au chiffre de la maison, l'habit-veste ne présente guère de différence sensible d'avec l'habit du maître. Tel est le modèle représenté par la figure 71, planche XVIII. Cet habit est ici un peu long, tel qu'on le fait souvent, mais on l'exécute aussi à basque plus courte et c'est seulement dans ce cas qu'il prend à juste titre le nom d'habit-veste.

La redingote droite, que nous présentons figure 72, est aussi un vêtement que le maître porte tel, notamment à titre d'habit de chasse. On l'exécute ordinairement toute simple ; quelquefois elle est passepoilée en couleur vive, et porte sur le tombant du col une boutonnière mousquetaire en galon or, argent ou de couleur. Le valet de chambre, le cocher, le groom portent la redingote droite, le dernier avec la culotte et les bottes. Le groom est aussi très souvent en veste longue ou anglaise accompagnée de la culotte ou du pantalon long, à volonté. Nous donnons ici, figure 73, la veste de groom pour une taille d'homme, c'est-à-dire pour la grosseur 48, comme tous les autres modèles de livrée qui précèdent ou qui suivent. Comme ce vêtement est souvent porté par des petits jeunes gens il sera facile, à l'aide de l'échelle des proportions, de lever le modèle pour la grosseur correspondante à la mesure prise. Cette veste ferme droit devant, mais elle est ornée de trois rangs de boutons grelots, ceux des côtés s'éloignant très sensiblement du milieu, en montant et contournant le dessus d'épaule de façon à élargir la carrure.

Le jockey porte aussi la veste demi-longue, à la manière anglaise, mais à un seul rang de boutons et la poitrine abattue du haut, de façon à ouvrir en cette partie. Son col est droit, très bas, arrondi devant, suivant l'abattage de la poitrine, le haut de manche est orné d'une partie formant jockey, le bas de manche orné d'un parement qui remonte en chevron, le tout encadré d'un galon posé à plat ainsi que le repré-sente la figure 74, planche XIX. Le costume est toujours complété par une cas-quette daumont, un gilet droit ouvert comme la veste et une culotte longue qui se perd dans des bottes à l'écuyère.

Le costume de livrée s'étend à diverses fonctions spéciales et quelques-unes ne concernent que les plus grandes maisons. La livrée de postillon est de ce nombre, nous donnons ici le modèle de l'habit et du gilet, figures 75 et 76.

L'habit de postillon est à basques courtes, terminées carrément et ornées d'une patte garnie de boutons, le devant très ouvert, s'arrondissant sur la poitrine avec revers arqué garni de boutons, le col à la saxe, le dos à taille étroite avec petite soubisse droite sur sa jonction avec la basque du devant et la manche terminée par un parement en chevron. Le gilet est droit, boutonnant jusqu'en haut, avec petit bord de col droit attenant ou rapporté à volonté, et boutons très rapprochés, puis le bas à petite basque Louis XV, ornée d'une patte à trois pointes, le tout passepoilé ou galonné. Le costume est complété par une culotte longue entrant dans la botte à l'écuyère, telle que nous en avons donné le modèle, figure 62, planche XV.

Le pardessus de livrée s'impose à toute maison qui a équipage. Sa forme est simple et présente, comme nous le donnons figure 77, planche XX, un corsage long un peu large de taille, avec devant croisé à revers rapporté fermant par de gros boutons, une jupe longue sans ampleur, dont la partie supérieure est ornée d'une patte de poche et une manche large à grand parement rond.

On peut joindre à ce pardessus une petite pèlerine qui s'agrafe à volonté sous le col. Cette pèlerine est la plus petite que nous publions avec le pardessus flottant qui suit.

Le pardessus flottant dont nous donnons le modèle type, figure 78, planche XXI, est celui que porte le cocher au lieu et place du pardessus à taille. Ce pardessus peut à volonté être accompagné d'une grande pèlerine simple dont le grand tracé, A, est le modèle exact, ou être accompagné des trois pèlerines superposées A, B, C, formant carrick. La plus petite pèlerine qui est tracée séparément est celle qui convient au pardessus à taille lorsqu'on désire en adopter une à ce vêtement.

Des robes du clergé, du barreau et de la magistrature.

La robe ou soutane du clergé catholique, que nous présentons figure 79, planche XXII, est celle qui se fait le plus généralement, soit en séparant le devant du corsage du devant de jupe, soit en coupant jupe et devant de corsage d'une même pièce. Le patron étant établi tel que nous le donnons, il est facile de réunir les deux parties, jupe et devant du corsage en plaçant le patron sur l'étoffe. Le petit côté seulement serait alors rapporté.

On fait aussi des soutanes dont le dos est à queue, mais cette forme devient de plus en plus rare. Dans ce cas, la jupe de dos est prolongée des deux tiers au moins de sa hauteur, dans sa partie du milieu seulement, d'où la coupe du bas remonte en biais jusqu'à la partie qui réunit la jupe du dos à celle du devant.

La manche de la soutane ne diffère de celle de l'habit de ville que par une plus grande uniformité de largeur dans toute sa longueur, notamment du coude au bas. Ainsi, pour une largeur moyenne de 22 au coude, réduction faite du creux de l'avant-bras, le bas de manche de soutane varie de 17 à 18 et son parement rond, bien adapté et de largeur égale au bas de manche est fixé sur les deux coutures de la manche.

La soutane n'est pas seulement le vêtement du clergé catholique romain, elle est aussi admise, avec quelques variantes, par le clergé du culte catholique grec et par le rabbinisme. Dans les diverses confessions du culte évangélique, la robe a une grande analogie avec celle du barreau et de la magistrature.

La douillette des ecclésiastiques est un pardessus twine large, dont le devant est croisé à revers et col large, terminé carrément sur le devant ; le col est à pied bas et conséquemment cintré à son attachement (figure 80).

La robe du barreau et de la magistrature, qu'on nomme improprement la toge, est représentée par notre figure 81, planche XXIV.

La robe se coupe comme un grand pardessus sac très ample, dont les épaules sont étroites, les emmanchures grandes et le dos se terminant en queue, élargi de 20 centimètres au milieu, de haut en bas, pour y pratiquer des fronces d'encolure par trois rangs de points serrés. Dans la couture du côté il y a une poche à ouverture en long et à gauche est posée une bride en ruban dans laquelle passe la pointe de la queue lorsqu'on relève celle-ci.

La manche, de forme droite et très large, dont nous ne donnons ici que le haut, a en moyenne 72 à 74 de hauteur, le bas se relevant en parement. Elle est froncée du haut de X à X.

La toge est en laine noire ou en soie selon la fonction ; suivant celle-ci encore, elle est à revers étole, avec devant ou simarre de soie qui s'adapte sous l'étole.

Le plus souvent, la simarre est en soie avec la toge en laine.

Pour la cour de cassation, la toge est rouge.

Ce qui complète l'ornementation de la toge est la chausse ou chaperon composé d'une bande d'étoffe pendant devant d'épaule et pan plissé s'échappant derrière, d'un rond qui fixe le tout à l'épaulette. Ce chaperon, qui n'est que la pente tombant du chaperon d'autrefois, est quelquefois garni d'hermine.

Pour toutes les garnitures, il importe, d'ailleurs, de consulter les ordonnances ministérielles qui en règlent l'usage hiérarchiquement.

Des uniformes des administrations et de l'armée.

En traitant de l'uniforme, nous présentons les types généraux admis pour les administrations et l'armée française. Ceux-ci peuvent servir de base pour établir la plupart des uniformes étrangers.

Les principes de coupe sont les mêmes que pour les costumes civils, c'est ce que nous nous appliquons à démontrer en faisant ressortir les petites variations qui ont lieu dans les parties du détail.

En procédant ainsi, nous faisons tomber le fantôme, c'est-à-dire que ce qui semblait devoir être difficultueux devient simple et extrêmement facile.

Parmi les uniformes admis par les administrations publiques ou privées, nous en remarquons qui se composent du pantalon demi-large, du gilet droit un peu long et du frac à la française, que nous avons donné figure 68, planche XVII, au nombre des vêtements de livrée. Les garçons de recettes de la Banque de France et de divers établissements financiers portent ce frac. Dans d'autres administrations, le frac est remplacé par l'habit-veste que nous avons donné figure 71, planche XVIII, ou par la redingote droite boutonnant jusqu'en haut, figure 72, même planche.

Nous verrons plus loin que la tunique croisée ou la tunique droite comprise dans les uniformes militaires sont également admises dans diverses administrations.

Après le frac à la française vient celui dont les basques sont à marteau, tel que le présente la figure 82, planche XXV. Cet habit ou frac ne diffère de l'habit ordinaire que par sa carrure un peu large, son redressement d'épaulette, à 26 au lieu de 24 pour les moyennes, son emmanchure un peu plus profonde, fournissant de la longueur à l'épaulette, son devant droit boutonnant jusqu'en haut avec col droit et basque longue et demi-large. Il est porté, en France, par les ministres, les ambassadeurs, consuls généraux, préfets et sous-préfets, maires, commissaires de police, chefs supérieurs dans les administrations des finances, postes et télégraphes.

Cet habit est bleu foncé, quelques-uns en vert foncé, ornés de borderies qui varient suivant les fonctions et grades. Celles-ci sont indiquées par des ordonnances ministérielles.

Dans l'armée les tuniques croisée et droite, ainsi que le dolman, sont aujourd'hui les vêtements ajustés.

La tunique croisée, figure 83, est le vêtement de grande tenue des généraux de division et de brigade. Il est bleu foncé passepoilé de même et orné de broderies d'or au col et au parement, avec ceinturon et épaulettes d'or, boutons dorés, pantalon blanc, collant, entrant dans des bottes à l'écuyère. En petite tenue la tunique n'est pas brodée et le pantalon est garance, orné d'une bande bleue au côté. A la tunique de petite tenue peut être substitué le dolman.

Les officiers d'ordonnance ajoutent à la tenue de leur régiment et aux insignes de leur grade, le plumet bleu au schako et l'aiguillette d'état-major à l'épaule droite.

Les secrétaires d'état-major ont, comme les généraux, la tunique croisée avec foudre blanc au collet et épaulettes blanches.

Les intendants, sous-intendants et adjoints ont, pour grande tenue, la tunique bleue croisée à col rouge brodé argent. Pour la petite tenue, le dolman à boutons blancs, pas d'épaulettes; pantalon garance.

Les officiers d'administration, même tunique que les intendants, mais avec broderies d'or.

Les commis et ouvriers d'administration, même tunique avec soubisse, patte garance au col avec numéro bleu, boutons blancs et épaulettes blanches dont les tournantes sont garance.

Les médecins, pharmaciens et vétérinaires même tunique avec soubisse, puis collet et pattes d'épaulettes en velours brodé or; les premiers de couleur cramoisi, les seconds de couleur verte et les troisièmes de couleur violet.

Les infirmiers, même tunique avec col garance orné de patte bleue portant le numéro garance, boutons de cuivre, épaulettes rouges à franges blanches, pantalon garance.

Les régiments du génie, même tunique passepoilée écarlate avec patte de velours noir au col à numéro écarlate pour la troupe et numéro d'or pour les officiers, parements ornés de pattes de velours à trois boutons. Pantalon bleu à deux bandes écarlate et passepoil de même couleur au milieu. L'Ecole polytechnique, même tunique que les officiers du génie, sauf la suppression des galons du grade et la substitution de deux branches d'olivier au numéro du collet. Même tunique croisée pour la troupe de ligne, les chasseurs à pied et la terrritoriale.

La tunique droite, que nous présentons ici, figure 84, planche XXVI, est, comme les précédentes, admise par quelques administrations, notamment celle des postes et généralement par les collèges. Elle est portée par l'infanterie légère d'Afrique, la garde municipale ou républicaine de Paris, par les corps de cavalerie qui ne portent pas le dolman. Ainsi la garde républicaine à cheval, la gendarmerie départementale, les dragons et les cuirassiers portent la tunique droite.

La tunique droite est ordinairement ornée de pattes à accolades sur la basque du dos, la manche à parement droit avec pattes à trois boutons. Dans la gendarmerie départementale, la manche est à parement en pointe pour la troupe et à parement droit pour les officiers.

La même tunique droite est à jupe plissée pour les officiers des zouaves et les officiers des turcos, dont le complément du costume est le képi et le pantalon droit. Dans ce cas, le dos de la tunique n'a pas de pattes à accolades.

Le costume de la troupe, dans les zouaves et dans les turcos, se compose d'une veste orientale, courte et ouverte avec gilet pris sous une écharpe à la ceinture, puis le pantalon à plis, juponnant du bas, tels que nous les présentons figure 85, planche XXVI, et 86, planche XXVII. La veste et le gilet sont en drap bleu foncé ornés de tresses et lisérés rouges pour les zouaves et en bleu clair ornées de tresses et lisérés jaunes pour les turcos.

Le dos de la veste est droit, sans couture au milieu, large de 21 à 22 centimètres du bas, la poitrine est étroite, dégageant le gilet et ornée de la façon que nous indiquons sur le petit modèle. La manche est à une seule couture, présentant, du bas, une grande ouverture qui remonte jusque vers le coude et qui est encadrée de la même tresse que la veste, puis fermée par sept agrafes.

Le gilet est coupé comme un gilet ordinaire, droit et sans col, le devant assemblé au dos d'un côté et boutonné à celui-ci tant à l'épaule qu'à l'autre côté, puis au milieu de la poitrine, il est simplement couturé.

Le pantalon des zouaves et des turcos est composé d'un lé de drap de troupe pour chaque jambe, en y ajoutant, au côté, une bande lisérée dans les coutures et portant la poche au milieu. Ainsi la demi-largeur de chaque jambe présente 65 centimètres compris la bande, sur une moyenne de 85 de haut, et il n'est échancré qu'une hauteur de 15 environ pour l'entrejambes, en sorte que le juponnement qui se forme dans les jambes, tombe à 70 dans la ceinture, ou le pantalon est plissé à douze plis plats de chaque côté. Quant à l'ouverture du pont, elle présente en moyenne 25 centimètres.

Le dolman, présenté figure 87, planche XXVII, est le modèle des vêtements admis pour les hussards, les chasseurs à cheval, les chasseurs d'Afrique, les cavaliers de remonte, puis pour l'artillerie, le train d'artillerie et le train des équipages. Il est aussi admis comme vêtement de petite tenue pour les généraux et les interprètes.

Pour établir le modèle type des dolman, nous avons tracé le devant et le dos séparément ainsi que nous avons procédé pour le corsage ordinaire, figure 23, planche IV, avec cette différence qu'ici nous avons même séparé le côté à cause de la basque.

Le dos du dolman est un peu large de carrure, sans couture au milieu et a 7 centimètres de demi-largeur à la taille pour les corps où celle-ci est garnie de tresses, 5 centimètres seulement pour les corps tels que l'artillerie et le train dont la taille du dolman présente des pattes soubisses. Le dos étant plus étroit, le côté est nécessairement plus large, en conséquence.

Les hussards, les chasseurs à cheval et les chasseurs d'Afrique ont le dolman bleu de ciel avec manche à une seule couture. Les hussards ont tresses et 9 brandebourgs blancs, ceux-ci à double boucle au milieu et boucles reliant les extrémités, boutons blancs numéro garance au col pour la troupe. Tresse et brandebourgs noirs, nœud de grade et étoile d'argent au col pour les officiers. Pantalon garance.

Les chasseurs à cheval ont tresses et 9 brandebourgs noirs, col garance et numéro bleu au collet pour la troupe, nœud de grade en argent et cor de chasse en argent pour les officiers. Pantalon garance.

Les chasseurs d'Afrique ont tresses et brandebourgs noirs avec col jonquille et numéro jonquille sur patte bleue pour la troupe, nœud de grade et numéro du col en argent pour les officiers.

L'artillerie a le dolman bleu foncé avec tresses et 7 brandebourgs noirs simples, parement écarlate, col écarlate avec patte bleue portant le numéro écarlate pour la troupe ; trèfle en papillon en haut du dos, tresses et 7 brandebourgs noirs à double boucle, nœud de grade en or et numéro en or sur patte bleue au col pour les officiers. Pantalon bleu foncé à double bande et passepoil écarlate.

Le train d'artillerie a le dolman bleu foncé avec col et parement bleu orné, du reste, comme celui de l'artillerie ; manche à deux coutures. Nœuds de grade en argent pour les officiers.

Le train d'équipage a le dolman gris de fer avec parements de même, col garance, boutons blancs, tresses et 7 brandebourgs noirs, manches à deux coutures avec nœud de grade en argent.

Les cavaliers de remonte ont le dolman bleu foncé à 7 brandebourgs blancs, boutons blancs, manche à une couture et nœud de grade en argent.

Les interprètes ont le dolman bleu foncé à 7 brandebourgs noirs reliés entre eux par des nœuds alternant avec les boutons, manche à une couture avec insigne du grade en or.

Les généraux ont pour tenue du matin le dolman bleu foncé garni de tresses et 5 brandebourgs noirs ; ceux-ci composés chacun par quatre tresses dont les nœuds extrêmes sont retenus par des olives ; manche à une seule couture avec nœud composé de six soutaches et pour marque distinctive deux étoiles au général de brigade, trois aux généraux de division. Pantalon garance, collant et rentrant dans la botte.

La figure 88, planche XXVIII, présente la capote de troupe d'infanterie. Cette capote est établie en drap gris de fer ou en drap bleu foncé, suivant les corps de troupe. Elle est assez large pour la porter aisément sur la veste ou sur la tunique. Sa longueur moyenne est à 33 centimètres de terre, sa croisure est d'environ 16 centimètres, et elle est entièrement passepoilée en pareil. Il n'y a que la patte et le numéro du collet qui change suivant l'arme. Les boutons comme à la tunique.

Pour les officiers, la capote-manteau a les mêmes proportions comme longueur mais elle est taillée plus ample, ainsi que nous l'indiquons au côté du dos par un trait brisé puis son emmanchure est plus basse. Enfin on y ajoute une pèlerine à capuchon, la pèlerine couturée sur l'épaule, le capuchon arrondi du haut avec col rabattu, tels que nous les offrons figure 89. La capote-manteau d'officier a aussi la manche à une seule couture telle qu'elle est donnée figure 91, planche XXX, dans la coupe du manteau d'officier de cavalerie.

La figure 90, planche XXIX, offre la coupe de manteau à pli de dos, devant droit et pèlerine pleine de la troupe de cavalerie.

La figure 91, planche XXX, offre la coupe du manteau d'officier de cavalerie, auquel il faut ajouter le capuchon de la figure 89.

La pèlerine à capuchon remplace la capote pour les sapeurs-pompiers, les zouaves et les turcos.

De la coupe pratique de tout vêtement à l'aide du corsage.

Maintenant que nous avons établi les divers modèles de vêtements d'homme en les traçant méthodiquement dans un cadre, il nous reste à en démontrer le tracé pratique avec l'aide du corsage.

Si l'on prête un peu d'attention à procéder dans le tracé en grandeur naturelle, comme nous l'indiquons ici dans nos tracés au dixième de grandeur, on reconnaîtra bien vite que rien n'est plus simple, et qu'aucune forme de vêtement, si différente qu'elle soit des modèles admis, n'offrira de difficultés d'exécution.

Nous pourrions dire que pour le tracé des grandes pièces ce procédé offre les plus grands avantages en ce qu'il met le tailleur à même de dessiner, sans trop de recherches, toutes les coupes imaginables, car le corsage est dans toutes. Il suffit, pour cela, de placer le dos et le devant du corsage d'une taille déterminée en présence de deux lignes de construction en écartant de ces lignes, bas du dos et bas du devant, en raison de la forme plus ou moins ample que l'on désire.

Prenons pour premier exemple la figure 92, planche XXXI, représentant un pardessus-twine, croisé.

Ainsi que nous l'avons dit plus haut, le dos du corsage est d'abord présenté à une ligne dont on l'écarte par le bas, soit qu'on veuille cambrer le dos du vêtement à tracer, soit qu'on le veuille ample, dessinant peu la taille. A côté du dos on place le côté en l'écartant également par le bas, puis on dessine le modèle du dos du pardessus, qui comprend tout le dos du corsage, un peu de largeur en plus, tant à l'épaule qu'à la carrure, et notamment à la taille, puis une partie du côté, l'autre partie de celui-ci étant réservée pour entrer dans le devant.

Le devant du corsage est ensuite présenté à une autre ligne de construction, en écartant de cette ligne le sommet de l'épaulette de 14 pour 16, c'est-à-dire du tiers de la grosseur du haut du corsage, 48, qui est de 16, et dont on retire 2 pour opérer de suite le redressement de la coupe qui convient à tout vêtement un peu flottant, puis en écartant le devant du corsage, dans sa partie inférieure on obtient un peu d'aisance à la poitrine, non compris la croisure qui a sa moitié en dehors de la ligne de construction. On place ensuite le côté près du devant du corsage en laissant entre eux un peu d'aisance si le vêtement doit être aisé, et, en tenant compte de la partie du côté du corsage qui n'est pas entrée dans le dos du pardessus, on comprend celle-ci dans le côté du vêtement en y laissant aussi un peu d'aisance, puis on trace le modèle dans son entier en laissant encore un peu d'aisance en haut de l'épaulette.

Ceci est bien pour le modèle de pardessus-twine composé de deux parties, dos et devant, sans pinces pratiquées sous le bras.

Pour établir un modèle à pinces de côté, nous procédons de la même manière. Exemple : le pardessus, figure 93, que nous présentons de forme droite, c'est-à-dire à un seul rang de boutons, tracé à l'aide d'un corsage pour homme gros, portant 57 centimètres de demi-grosseur du haut. Le dos dessine un peu plus la taille qu'au précédent modèle, et de plus, le côté est cintré par une pince pratiquée sous le bras.

Voici, figure 94, planche XXXII, un pardessus à taille, à côté attenant dont le devant est croisé. Le modèle est tracé à l'aide d'un corsage pour une taille mince portant 39 centimètres de demi-grosseur sous les bras. Le dos et le devant du corsage sont présentés chacun à une ligne de construction comme à la figure 92, planche XXXI, mais ici le dos du vêtement ne contient que celui du corsage sans rien autre d'ajouté qu'un peu d'aisance du haut comme à la taille. Le devant de ce vêtement contient donc le devant et le côté du corsage dans leur entier, et si un peu d'aisance est laissée sous le bras, entre le devant et le côté, cette aisance est retirée au modèle par la pince pratiquée sous le bras.

Le dos, le côté et le devant peuvent aussi être tracés séparément. Telle est la coupe représentée figure 95. Un pardessus à taille, à côté rapporté et devant croisé pour la grosseur 48, suivant le corsage qui sert à l'établir. Le dos présente simplement l'aisance nécessaire au pardessus, il en est de même au côté qui est élargi sous le bras, puis l'épaule du devant a un peu plus de hauteur.

En partant de ce principe nous ferons le pardessus-sac, si, au lieu de cintrer le dos comme à la figure 92, planche XXXI, nous le laissons droit au milieu et des côtés, soit que nous laissions encore le devant fournir au dos, soit que nous donnions plus de développement au dos pour en retirer au devant dans toute la longueur du dessous de bras.

Le mac-farlane, figure 96, planche XXXIII, est établi par le même procédé. Le dos contient dos et côté du corsage écartés l'un de l'autre, du bas, en raison de la coupe flottante du vêtement. Ce dos n'a pas d'emmanchure et le devant présente une échancrure très basse, pour qu'il soit facile d'endosser le vêtement au-dessus d'un autre.

Pour le devant, même règle que pour tout autre modèle, quant à la partie du boutonnement et de l'épaulette, mais bien tenir compte que la largeur du côté contient tout celui du corsage, et que, pour régler la longueur du devant d'après le dos, il faut se baser sur l'emmanchure du corsage, et nous marquons ici 95 au côté du dos comme au côté du devant.

Pour établir la pèlerine c'est nécessairement le devant qui sert de guide; l'un et l'autre ont même perpendiculaire en avant, même encolure et même pente d'épaule. La longueur est réglée par la manche du vêtement ajusté que l'on présente à l'emmanchure du haut, comme si on l'attachait.

La pelisse Raglan, fig. 97, planche XXXIV, est un pardessus-sac qu'établit également le corsage en retirant à celui-ci une petite pointe de carrure du dos et une grande pointe d'épaulette du devant, puis en ajoutant ces deux pointes au-dessus du rond de manche afin que celle-ci monte dans l'encolure, ainsi que nous le démontrons par les deux parties A, B.

Quant à la manche, elle est ordinairement à une couture, ainsi que nous la présentons partie C, avec ses lignes et chiffres de construction, indépendamment du dessin qui marque le dessus et les deux parties qui forment le dessous, au milieu duquel est l'unique couture, avec rentrage exécuté entre les deux X, X, de la partie coudée, puis, ainsi que nous l'avons dit plus haut, les deux parties A, B, retirées au devant et au dos du corsage, forment la pointe du haut de manche montant dans l'emmanchure.

Si l'on coupe ce vêtement à drap fermé, sans couture au milieu du dos, il prend beaucoup de drap et fait faire un grand déchet, mais on le coupe très économiquement à drap ouvert, doublant la hauteur en plaçant les deux pièces du dos le long d'une lisière, les deux parties de devant le long de l'autre lisière, et la manche entre le dos et le devant.

Les pèlerines, figures 98, 99 et 100, planche XXXV, offrent trois types de diverses ampleurs établies à l'aide du corsage en rapprochant d'autant plus les épaules, du devant et du dos du corsage que nous voulons de l'ampleur du bas, et conséquemment, peu ou pas de pince dans l'encolure, ou en éloignant d'autant plus les deux mêmes parties d'épaules que nous voulons peu d'ampleur du bas, et, conséquemment de très fortes pinces d'encolure.

La figure 98 nous présente la coupe dite d'équerre dont le devant est en droit-fil, le dos dans le travers du drap.

La figure 99 nous présente la coupe aussi étroite que possible du bas, dont la pince est très ouverte, et le dos dans le biais intérieur à l'équerre.

La figure 100 nous présente la coupe ample dite deux-tiers (la coupe pleine est celle que nous donnons avec les manteaux de l'armée, planches XXIX et XXX). l'encolure n'a plus de pince et le devant, placé en droit-fil, a pour conséquence le dos dans le biais extérieur à l'équerre.

A l'une comme à l'autre de ces trois coupes on peut, après avoir marqué la longueur du dos, de la nuque jusqu'en bas, réunir en un angle les deux lignes droites montant en dessus du milieu du devant et du milieu du dos, et, de là, tirer un rayon qui règle le rond du bas, tout le tour.

Cette manière de créer la pèlerine par le corsage, que nous avons indiquée les premiers dans nos précédents ouvrages sur la coupe, prouve que nous avons parfaitement raison quand nous affirmons que le corsage est dans la coupe de tous les vêtements imaginables. Nous l'avons démontré, surtout, dans nos traités de coupe pour dames, que plusieurs éditeurs ont copiés ou imités d'une façon très imparfaite.

La figure 101, planche XXXVI, présente encore une pèlerine, celle-ci avec couture ou nervure dessinant l'avant-bras, en lui donnant de l'ampleur qui prête au mouvement. Le dos, qui contient l'ampleur de la manche, présente le dos du corsage avec la manche du vêtement ajusté, placée comme si elle était attachée à la carrure; le devant est formé par le devant du corsage, à la manière du paletot pour la partie du boutonnement, mais avec la couture d'emmanchure se continuant jusqu'en bas du vêtement. Par nos indications A, B, de chacune des parties, on voit aisément comment s'assemble le modèle.

Une autre forme de pèlerine se fait encore; c'est celle dont la couture qui fait pince d'épaule se continue jusqu'au bas.

Nous l'avons donnée avec lignes de construction dans la coupe de la capote d'officier d'infanterie, fig. 89, planche XXVIII, mais elle y est présentée avec plus d'ampleur dans le dos que dans le devant, ce qui porte la couture un peu à l'avant de l'épaule.

Nous la répétons ici en plus petit, figure 102, en nous servant, pour l'établir, du pardessus figure 38, et nous laissons la couture d'épaule où le pardessus présente la sienne, puis nous l'arrondissons devant. Cette même pèlerine peut s'établir en reportant la couture d'épaule plus en avant, si on ajoute à sa partie d'épaule du dos, un peu de largeur qu'on retire à la partie d'épaule du devant.

Comme conséquence de la coupe des pèlerines, à l'aide du corsage, nous établissons les capuchons de la même manière. La figure 103 nous en offre un exemple. Ce capuchon de vêtement d'homme est à pince d'encolure placée sur la couture d'épaule du vêtement et sa transversale du bas, A, en se repliant sur la perpendiculaire du milieu du dos, A, forme le capuchon en pointe.

En somme, les capuchons se font tous par l'encolure, soit avec pince dans l'encolure, soit avec froncé ou pli tenant lieu de pince, soit à plat sans pince d'encolure, comme la pèlerine figure 100, sauf à en rapporter le revers qui aurait sans cela trop d'ampleur, ou à plisser ou froncer celui-ci, à son bord extérieur, ainsi que dans la coupe des capuchons dits à la vieille, pour dame.

A l'aide du corsage de robe ou d'amazone, on établirait tous les vêtements de dames, de même que nous venons d'établir une série de vêtements d'homme. C'est ce que nous démontrerons après qu'on aura levé le modèle de corsage de dame, type moyen.

Des vêtements de dames du ressort du tailleur.

Le corsage de robe ou amazone, la basque, la manche ou la jupe que nous donnons sous le même numéro de figure, 104, planche XXXVII, est un type moyen pour la grosseur 44 de circonférence prise sous les bras.

La coupe du corsage pour dame diffère de celle du corsage pour homme, notamment par une épaule dont la chute est plus arrondie et la ceinture trop large, en vue de la diminuer par les pinces pratiquées dans le devant.

La basque peut varier de cintre suivant l'ampleur nécessaire pour couvrir le haut de jupe plus ou moins développée. Nous donnons ici celle qu'on nomme basque lancier ou basque postillon. Elle est rapportée au corsage en A et B, et plisse dans sa jonction avec la basque du dos. Cette dernière peut se couper d'un seul morceau avec le dos, ou s'y rapporter à la taille ; dans tous les cas elle est étroite et plate.

On fait d'autres basques rapportées qui sont d'égale longueur tout le tour, celle-ci en est le haut si on la fait d'une pièce de chaque côté. On peut la diviser dans la couture du côté, pour y dessiner la hanche avec un peu plus de rondeur.

On fait aussi la basque attenante au corsage, nous traiterons de celle-ci plus loin.

La manche coudée, pour dame, ne diffère de celle pour homme que par ses mesures.

La jupe d'amazone que l'on a fait longtemps en la plissant et fronçant fortement du haut, s'est coupée en la composant de lés droits simplement busqués devant. Aujourd'hui, elle se fait en pointe, soit dans la coupe régulière que nous donnons ici, soit dans la coupe dite anglaise dont le côté où la dame plie les genoux, en s'asseyant, présente la couture arrondie.

Dans sa partie du haut, cette jupe est toujours plate devant, avec pince dans le busquage de ceinture pour qu'elle ne tende pas sur le ventre, puis plis ou pinces dans le dos qui la réduisent juste à la largeur de ceinture.

Ainsi que nous l'avons dit en traitant de la coupe des divers vêtements d'homme, à l'aide du corsage, les vêtements de dames particulièrement, sont établis par celui-ci. Ainsi, les pardessus, basquines, vêtements tenant de la pèlerine, se font par le corsage. Nous offrons ici une coupe de basquine, figure 105, planche XXXVIII, dont la basque n'est autre chose que la continuation du dos, du côté et du devant du corsage, en présentant les trois parties à une ligne droite successivement, en écartant le bas du dos, A, le bas du côté, B, puis le bas du devant, C, suivant le développement nécessaire à couvrir celui de la jupe, selon la force des hanches et aussi selon la mode, en tenant compte que le creux du côté du devant, D, doit toujours être à peu près double de celui du côté B, afin que la couture penche en arrière plutôt que de revenir en avant dans sa partie inférieure.

En prolongeant les pinces du devant, les bien terminer en aiguille.

Le pardessus pour dame, s'il était ajusté avec dos, côté ou devant, ne serait autre que la basquine prolongée, à laquelle on pourrait donner un peu d'aisance dans les coutures, particulièrement sous les bras, pour l'endosser au-dessus du corsage.

Le pardessus twine s'établit par le corsage, exactement par le même procédé que le pardessus pour hommes, en tenant compte de l'aisance à ajouter à l'épaule, et en donnant au côté du devant ce qui n'est pas entré du côté du corsage dans le tracé du dos, plus la largeur nécessaire à la taille pour que le vêtement puisse être pincé sous le bras, ainsi que nous l'indiquons, et qu'il ait l'aisance nécessaire à l'endosser facilement au-dessus de la robe.

De l'échelle des proportions; sa construction et son emploi.

L'échelle des proportions, dont l'invention est due à M. Guillaume Compaing, est, pour un grand nombre de tailleurs, un barème aidant au tracé de la coupe et servant de règle du langage au sujet de celle-ci, comme le ruban métrique est la règle du langage comparatif des mesures.

L'échelle des proportions est une réunion de mesures ou rubans mesurateurs dont un seul a ses fractions établies par centimètres. Cette dernière porte la longueur 48, considérée comme demi-grosseur moyenne du haut du buste sous les bras. Les autres rubans, plus petits ou plus grands, sont aussi divisés en 48 parties.

Les échelles des proportions se construisent de différentes manières. Elles peuvent se diviser par autant de règles séparées que les rubans mesurateurs qui les composent. La plus simple à construire est celle que nous présentons, figure 107, planche XXXVIII.

Sur une feuille de papier un peu fort et bien collé, on trace une ligne horizontale de 60 centimètres ; à la hauteur de 30 centimètres on trace une autre ligne horizontale de 30 centimètres, en observant que le milieu de la ligne, 30, soit bien perpendiculairement au-dessus du milieu de la ligne 60. On joint le sommet à la base par deux lignes obliques qui ont chacune 15 centimètres de pente. On marque sur la ligne perpendiculaire du milieu, autant de points qu'il y a de centimètres de hauteur; sur chacun de ces points on tire des lignes bien horizontales que nous ne donnons ici que de 6 en 6 millimètres, à cause de la réduction au dixième de notre petit modèle, puis, en descendant les degrés de 30 à 60, on marque la ligne horizontale qui est placée à la hauteur 48 de l'échelle, parce qu'elle est divisible en 48 parties qui ont chacune 1 centimètre. On divise la ligne horizontale du haut en 12 parties égales, entre lesquelles on marque 3 points, ensemble 36 points, qui réunis aux 12, marqués comme nous l'indiquons, divisent la ligne en 48 parties. On procède de même sur la ligne 60, puis on trace des lignes bien régulières du haut en bas, de la ligne 30 à la ligne 60, de façon à ce que toutes les transversales soient divisées chacune en 48 parties égales.

Cette construction, que nous décrivons ici pour bien faire comprendre l'échelle, n'est pas la plus propre à l'usage. On fabrique des échelles des proportions dont le jeu complet est contenu sur quatre règles de bois ; celles-ci portent deux lignes d'échelle aux bords de chaque face, mais nous avons remarqué que de l'emploi de deux lignes superposées résultaient quelques petites erreurs ; pour y obvier, nous avons fait un tableau des échelles des proportions, qui se compose de 16 faces de règles, présentant les faces, deux à deux, de 8 règles ayant chacune une ligne d'échelle à chaque bord, ainsi que nous en représentons la très faible partie de deux d'entre elles, figure 108, planche XXXVIII.

Ce tableau des échelles que nous vendons 2 francs, franco, par poste, 2 fr. 25, évite toute erreur dans le tracé.

L'usage de l'échelle des proportions consiste à remplacer le calcul de fractionnement de la grosseur, lorsqu'il s'agit de tracer un corsage ou un vêtement, ainsi que nous l'avons démontré en employant les fractions de la grosseur pour établir les parties du tracé que la mesure intégrale ne donne pas. L'usage de l'échelle consiste encore à reproduire, en plus grand ou en plus petit, un modèle tracé méthodiquement pour une taille moyenne.

Admettons, par exemple, le cas de tracer pour la grosseur 57, un modèle de Dorsay, tel que celui représenté pour 48, par la figure 35, planche VII.

En nous servant de la ligne 57 de l'échelle, toutes les divisions de cette ligne étant chacune plus fortes que des centimètres, dans de telles proportions que 48 parties ont 57 centimètres, nous n'aurons rien à rechercher autre que de tracer toutes les lignes établissant les largeurs du dos, 6, 19, 4 et 6 pour la taille. Il n'en sera pas de même pour les longueurs, car l'homme ne grandit pas parce qu'il grossit, mais les mesures de longueur de taille et de jupe feront le reste, mais les mesures de longueur du haut tracé 5 et 18 1/2, pourront subir les différences apportées par l'échelle, car s'il est vrai que la taille du dos n'allonge pas, comme il grossit de carrure, son épaule fortifie ; nous pouvons donc fixer les hauteurs comprises entre 5 et 18 1/2, par l'échelle 57, en reproduisant les mêmes chiffres.

Ce raisonnement établi, voilà les difficultés levées pour tracer le devant, en reproduisant exactement les hauteurs 10, 18 1/2, 25, qui fixent la pente d'épaule, le crochet et la profondeur d'emmanchure, en se réservant de tracer le bas du corsage, basé par la longueur du buste prise sur le sujet, après quoi on peut tracer toutes les lignes en largeur : 24 ; 4 et 17 ; 12, puis 16, à l'aide de l'échelle 57.

Nous venons de traiter de l'usage de l'échelle dans le cas où il présente quelques petites difficultés, mais si, au lieu de grandir au-dessus de la moyenne 48, nous voulons diminuer le modèle, nous n'aurons (le plus souvent qu'à le tracer tel qu'il est représenté, en prenant pour le construire, la ligne d'échelle correspondant à la grosseur de dessous de bras du sujet à habiller.

L'usage de l'échelle présente cependant quelques particularités à observer. C'est lorsque le modèle à reproduire n'est pas établi tout d'abord, pour la grosseur 48. Ainsi, en admettant qu'un modèle réduit est établi pour une grosseur plus forte, ou plus faible que 48, il faudrait prendre la ligne éloignée, en dessus ou en dessous de celle qui porte le chiffre 48, en raison du chiffre éloigné du modèle tracé.

Ainsi, pour établir un modèle à la grosseur 50, de forme exacte à un modèle tracé pour la grosseur 44, on prendrait la ligne 54 de l'échelle, laquelle est élevée de 6, au-dessus de la ligne 48, de même que 50 est élevé de 6 au-dessus de 44, et le modèle serait parfaitement établi pour 50.

Le tableau-échelle dont nous avons parlé plus haut et que nous vendons 2 francs, en notre professorat, 23, boulevard Sébastopol, à Paris, ou en notre maison de Bruxelles, donne toute l'instruction nécessaire pour en faire usage.

De l'apprêt, de l'essayage et des retouches.

Nous terminons notre professorat par cette partie très importante de l'apprêt, de l'essayage et des retouches, que nous devons résumer, réduire forcément à tout ce qui peut se démontrer par des figures.

Par la figure 109, planche XXXIX, nous présentons ce qu'il importe le plus de laisser en dedans, en procédant à la coupe du corsage ou de tout autre vêtement à emmanchure.

On sait que les tailleurs, en général, laissent en dedans des crochets au haut et au bas du côté dans l'emmanchure, et à la couture transversale de la taille vers la cambrure, ainsi qu'au devant du sommet de l'épaulette. Nous n'entendons pas réformer entièrement cette manière de procéder, mais nous croyons que ce n'est pas dans l'emmanchure ni dans l'encolure qu'il est le plus sage de se réserver de la marge. Nous conseillons même d'être sobre de rentrées d'étoffe dans ces deux cintres de l'encolure et de l'emmanchure qui peuvent empêcher le vêtement d'entrer et faire mal juger la pièce essayée.

Les deux endroits où nous trouvons le plus utile de laisser de la marge sont : la couture du côté, A, tant au dessous de bras du devant qu'au dessous de bras du côté, puis à la couture transversale de ceinture, lorsque cette couture existe.

Ceci bien entendu, nous verrons plus loin le service que nous en attendons en procédant à l'essayage.

Passons maintenant à l'apprêt de la doublure du devant, puis au doublage de cette partie.

Ainsi que nous le présentons, figure 110, planche XXXIX, la doublure du devant du corsage se fait un peu plus large et plus longue que celui-ci, puis en doublant, l'emmanchure doit être réglée sur le devant, mais après avoir pratiqué les pinces et soufflet de la doublure.

Le corsage ayant une pince ou du rentrage, dans sa partie qui reçoit l'anglaise, il faut à la doublure une pince qui corresponde; la plus pratique est celle qui fait face à la pince du devant de façon à ce que les deux pinces se rencontrent en quelque sorte en B, où doit être la partie convexe.

On remarquera qu'à cet endroit même de notre pince de doublure de devant, pratiquée dans l'emmanchure, beaucoup de tailleurs placent précisément un soufflet. C'est là une erreur que nous combattons, car ce soufflet a pour effet de retirer à la doublure tout son aplomb, toute sa concordance avec le devant qui la recouvre. Nous ne nions pas l'utilité du soufflet dans l'emmanchure, mais nous ne pouvons l'admettre que si, en donnant un peu d'aisance à celle-ci, il fait creuser le devant dans le seul endroit où il est admissible qu'il y ait du creux; celui de l'épaule où est la lettre C.

Quant au doublage nous conseillons d'éviter qu'il soit mobile. Une fois fait, le doublage doit rester au moins dans toute la partie de la poitrine, dût le revers n'être pas doublé à demeure, afin d'en faciliter le recoupage à volonté. Tout doublage dit à blanc nous paraît très mauvais et susceptible d'occasionner des retouches à la pièce finie, car le deuxième doublage peut déranger tout l'aspect qu'a présenté le premier.

Pour donner la pièce à l'essayage, celle-ci doit être bâtie les coutures en dehors, notamment à l'épaulette et à la couture qui réunit le dos au côté, afin que toute prise de crochet puisse se faire en épinglant plutôt qu'en marquant à la craie, comme la couture en est trop générale.

Si, en essayant, la pièce pèche par son aplomb, c'est-à-dire si le dos est court, tendu sur l'omoplate, et le devant trop libre dans sa longueur, ou si le devant est trop court et le dos remontant en fronces ou plis qui le traversent, ce seront les deux cas de débâtir la couture de dessous de bras, puis une partie de la transversale de ceinture si le vêtement en a une, afin de le laisser prendre son aplomb en remontant du dos, ou remontant du devant, car la nature, plus savante que nous, n'y faillira pas; puis de bien arrêter par quelques épingles le milieu du dos et le milieu du devant chacun à leur place, afin de rapprocher ensuite les deux parties du dessous de bras en les épinglant le plus juste possible.

On voit de suite que le mouvement produit par le dos et le côté remontés ensemble, figure 111, nécessite l'usage de l'étoffe laissée en dedans, au bas du côté, puis la façon dont il faut recouper l'emmanchure dans le côté pour la descendre au niveau de celle du devant.

On voit de même que le mouvement produit par le devant en remontant, comme à la figure 112, nécessite l'usage de l'étoffe laissée en dedans, E, au bas du devant et la façon dont il faut recouper dans l'emmanchure du devant.

Dans tous les cas, en supposant le vêtement à jupe attenante, à défaut de marge à la ceinture on débâtirait le côté dans toute sa longueur et on laisserait se placer le vêtement en le fixant ensuite devant et derrière, avant de rassembler les deux parties de la couture de côté.

Ces deux retouches, très communes, ne se feraient que très difficilement sans ce moyen simple et pratique que nous préconisons.

Les figures 113 et 114 nous présentent le moyen de se servir en essayant, des largeurs laissées dans les côtés, soit pour élargir la ceinture seulement, soit pour élargir de haut en bas du dessous de bras, ainsi que nous l'indiquons en F ou en G, G.

On objectera que ce procédé exige le débâtissage d'une partie du vêtement et l'usage d'épingles, mais nous insistons et prétendons que tout ceci n'est rien en proportion des déboires qu'on se prépare si, après avoir essayé d'une façon moins pratique, en traçant à la craie des retouches... *peu certaines,* on doit recommencer lorsque la pièce est finie.

L'essayage pratiqué suivant le système que nous combattons a toujours donné de si mauvais résultats, que des tailleurs vraiment amis de leur art avaient eu la pensée de le supprimer et d'attacher tant d'importance aux mesures, à leur application à des coupes toutes spéciales, tant de soins en coupant comme en dirigeant le travail de couture, qu'ils réussissaient à éviter les retouches, le plus souvent, même que leurs confrères essayant mais essayant mal.

Quoi qu'il en soit, il faut reconnaître que l'essayage est le plus souvent utile, autant qu'on peut le pratiquer.

Il est donc urgent de choisir le procédé qui le rend le plus facile, le plus exempt d'erreurs.

Nous ne nous sommes pas étendu sur les petits détails de crochets d'épaulette et de côté, dont notre procédé diminue d'ailleurs les cas les plus fréquents, prévient l'abus ; cependant ces retouches, si petites qu'elles soient, doivent s'épingler toujours, ne jamais se marquer à la craie lorsqu'on procède à l'essayage, il sera temps de les tracer pour les recouper de suite en procédant à la retouche.

Ce que nous avons dit du corsage ou du vêtement s'applique au gilet, exactement de la même façon. Celui-ci doit donc aussi être bâti les coutures en dehors. Quant aux apprêts du gilet nous n'avons plus le même cas, pour le doublage, qu'a la grande pièce ; il y est beaucoup plus simple et, pour le reste, nous renvoyons à la disposition des pinces comme à la coupe des cols traitées dans la description des figures 44 à 54.

Pour l'apprêt des pantalons nous revenons à ce que nous avons indiqué, figure 60, à propos du tendage à pratiquer à la hauteur du genou. Ce tendage est particulièrement indispensable lorsque le pantalon est collant ou demi-collant, surtout lorsque le côté du derrière du pantalon dédoublé présente à lui seul tout le creux du côté au genou. Il est encore utile au pantalon large et on y procède comme nous le démontrons figure 115, planche XXXX.

En plaçant le devant sur le derrière, les deux points de repère bien d'accord, à la hauteur de la mesure de côté au genou, au-dessus de ces points de repère nous marquons, au devant comme au derrière, deux points où nous pratiquons des coups de ciseaux, à égale distance, puis, au-dessous du point de repère, nous en descendons deux autres placés plus bas au devant qu'à derrière. Le tendage du derrière pour descendre ses derniers coups de ciseaux à la même place que ceux du devant, donne de la longueur à celui-ci et, en même temps, rejette de la longueur au derrière, à la hauteur du mollet.

Quant au cambrage du bas, il s'obtient, on le sait, en pliant le devant en A, ou on le rentre sous le fer en le tendant faiblement vers les coutures d'entre-jambes et de côté, puis on redresse celles-ci avant d'assembler le pantalon. A tous les pantalons il importe de laisser de la couture en dedans au côté et à l'entre-jambes.

Dans les détails du haut du pantalon, on sait comment se disposent le sous-pont de bouton et la sous-patte de boutonnières que présentent les deux devants 115 et 116.

Pour la poche, deux modes distincts sont admis : la poche à ouverture demi-large sans former d'angle, et la poche à ouverture en angle, que nous présentons aussi par les devants 115 et 116.

Pour les bouts de boucles, deux systèmes sont aussi en présence, ce sont : premièrement, la ceinture formant bout, que représente la figure 115 ; deuxièmément, le bout appliqué mi-partie sur la ceinture et mi-partie sur le derrière du pantalon en face du creux de la hanche, accusé par l'attachement de la ceinture au-dessus de la couture de côté.

Nous préférons le bout-ceinture de la figure 115, car son tirage est infailliblement direct, et de plus il est solide, facile à arrêter où on le veut, sur le derrière, et permet que la hausse opère son jeu de développement suivant les mouvements du sujet.

Pour se servir du bout-ceinture, il faut, nécessairement, que le derrière ait sa ceinture indépendante de celle du devant ou qu'il soit coupé plus haut que le devant, en conséquence.

Dans tous les cas, le bout de boucle du pantalon a une importance sérieuse ; son tirage ne serait pas impunément trop haut ou trop bas, et de ce détail peuvent résulter de grands défauts qui seraient à tort attribués à la coupe.

En effet, si la hauteur donnée au derrière est retenue au-dessus d'un bout dont le tirage s'opère trop bas, le client ne peut s'asseoir sans éprouver une gêne sensible et sans que le devant du pantalon remonte en paraissant trop long.

Et si la hauteur du derrière est entièrement retenue au-dessous d'un bout dont le tirage s'opère trop haut, cette hauteur restera en paquet, sous la cambrure, si le pantalon est juste du bassin ; ou elle laisse retomber le derrière en formant des plis disgracieux si le pantalon est de coupe un peu aisée.

Il est vrai que deux effets semblables peuvent résulter de la coupe. Dans ce cas nous renvoyons à l'application exacte des mesures y compris l'oblique, qui joue un grand rôle, ainsi que nous l'avons démontré figures 55 à 63.

Le pantalon est susceptible de deux défauts inverses, dans sa partie inférieure, suivant la conformation des jambes, suivant la position des pieds plus en dehors, plus que la moyenne, ou la position des pieds en dedans. La coupe du haut, à laquelle il reste bien peu à remédier, peut causer aussi le déplacement des coutures du bas, comme si la position des pieds y était pour quelque chose.

Pour ramener les coutures à leur place il faut rentrer d'une part et sortir de l'autre. Telle est l'indication que nous donnons en lignes brisées, figure 115, pour sortir au côté, rentrer à l'entre-jambes du devant, puis procéder à la retouche inverse au derrière, lorsque la couture de côté vient trop sur le coude-pied, puis les deux retouches contraires, figure 116, lorsque la couture à l'entre-jambes vient trop en avant et celle du côté trop en arrière.

FIN DU PROFESSORAT

AUX PRATICIENS

Nous avons terminé avec l'élève, dans ce dernier ouvrage traitant de la partie des vêtements d'hommes et, dès maintenant, c'est aux praticiens que nous nous adressons.

Ici, nous sommes tout à fait sur notre terrain et nous avons quelques raisons de nous sentir fort, à 65 ans d'âge, d'avoir, depuis 50 ans, professé successivement comme ouvrier tailleur, comme coupeur, comme marchand tailleur, comme directeur d'un grand atelier de confections pour dames, et comme professeur de coupe, puis comme rédacteur professeur de plusieurs journaux de modes, notamment le *Journal des Marchands Tailleurs*, sans préjudice de nos études commencées dès l'âge de 20 ans concernant l'histoire universelle du costume.

Tels sont nos états de service ; ajoutons que dès la fondation de la *Société artistique des Tailleurs de Paris*, celle-ci nous a choisi pour son secrétaire chargé de résumer en quelques bulletins, l'étude et la comparaison des méthodes de coupe les plus répandues, puis arriver à proposer comme système de l'avenir, la méthode de coupe du corsage à l'aide des mesures intégrales basée sur la triangulation créée par la Société.

Notre persévérance dans toutes les parties professionnelles de l'habillement est le fait d'une vocation, et nous croyons en avoir élevé l'enseignement aussi haut que la profession le comporte. Ceci dit, nous entrons en matière.

Méthodes de coupe du corsage par les systèmes à base triangulaire.

Parmi les systèmes de coupe à base triangulaire, nous distinguons : la méthode publiée en 1858 par la *Société artistique des Tailleurs de Paris*, et le système Scariano, qui a été admis et récompensé de deux médailles à l'exposition universelle de 1855.

Les trois figures 117, 118 et 119, planche XXXXI, qui présentent le tracé de coupe du corsage créé par la Société artistique, expliquent la prise des mesures en même temps que le tracé.

Ces mesures sont :

A Grosseur de ceinture, d'une moyenne de 40

B et B (*bis*). Longueur de la nuque à la cambrure marquant en passant le tendon du bras, en haut de la saignée. 30, 64

C Du tendon d'avant-bras au devant de ceinture. 34

D De la nuque au devant de ceinture. . . . . : 57

E De la nuque à la hanche, ou buste. 53

La ceinture A, de 40 centimètres (en moyenne) forme la base du premier triangle par une ligne dont on marque la moitié, 20, comme à la figure 117.

La mesure de la nuque à la cambrure B, forme par sa partie inférieure, 34, la seconde partie du triangle, en plaçant le chiffre 64 sur l'extrémité de la ligne A, qui sera la cambrure, et en tenant la craie on croise sur le chiffre 30 du ruban métrique pour tracer un rayon sur lequel reposera la mesure C (Au lieu de 64 on met 65, afin de laisser à la mesure B le centimètre retiré en séparant le dos du côté). Sur ce rayon, la mesure C, longue de 34 centimètres, vient fixer le point de repère du tendon d'avant-bras et fermer ainsi le triangle A, B, C.

Sur le point de repère d'avant-bras on place bien juste sous le pouce le chiffre 30 formant la partie supérieure de la mesure B, et en tenant la craie sur le chiffre 6 que l'on déduit pour le haut du dos, compris dans la mesure, on tire un rayon que l'on conduit un peu loin en avant où il servira à fixer le devant de l'encolure; puis sur ce rayon on croise la mesure D, longue de 57, dont on déduit aussi les 6 du haut du dos. On forme ainsi le deuxième triangle, B (bis) C et D de la figure 117.

On descend ensuite, comme à la figure 118, la ligne E de la nuque à la hanche, ou buste, 53, dont on déduit encore les 6 du haut du dos, et, du point de la hanche reposant sur le milieu de ceinture, au bas de la mesure E, on remonte la mesure F, ou petit côté 23, telle qu'elle est prise à partir du tendon de l'avant-bras.

A partir du sommet de la ligne F, on reporte à même distance du bas la mesure G, ou avancement d'épaule qui fixe à 30 l'endroit où s'arrête la largeur, au milieu du dos, à la hauteur de l'omoplate et, en s'appuyant sur les extrémités de la ligne A et de la ligne G, on tire la ligne H ou longueur naturelle de la taille du dos, qui a 43.

A 19 de distance de cette ligne H et à la hauteur du crochet du côté on marque transversalement la ligne de carrure du dos où on tire une petite ligne parallèle à la ligne H, et sur cette petite ligne on fait reposer la diagonale du dos, J, qui est de 24, puis en plaçant l'extrémité de la mesure J bis sur le devant de ceinture on arrête juste le haut du côté, ou crochet, au chiffre 24 qui a été pris par la diagonale du dos. (Ici se présente souvent un crochet qui semble hardi, mais si la mesure bien prise le donne tel il n'y a qu'à s'y conformer.)

On marque ensuite, à partir du devant de ceinture, comme à la figure 119, la mesure K de 40 de hauteur, qui fixe le devant d'encolure, juste en croisant le rayon déjà tracé en appliquant la mesure B *bis*.

Enfin, à partir du tendon de l'avant-bras, on marque la largeur de poitrine, 23, que l'on place comme la ligne L; on trace le cintre de l'encolure, bien creusé du haut, d'où l'on dirige la mesure M, pour fixer la largeur juste de l'épaule à 13, moins les coutures, puis pour déterminer la hauteur d'épaulette vers l'emmanchure, on place le n° 1 de la mesure au tendon du bras, et l'on conduit la mesure N, longue de 25, le long du cintre déjà tracé pour l'emmanchure et on en déduit la petite carrure du dos qui a été comprise dans la mesure. Et on trace le corsage dans toutes ses parties en formant toujours une petite pince entre le dos et le côté, dans la partie inférieure à l'omoplate.

Le système Scariano présente une triangulation plus complète que celui de la *Société artistique*, mais ses mesures sont plus exclusives et s'éloignent davantage, en conséquence, de toutes les habitudes reçues.

Il suffit d'en observer le tracé, figure 120, pour se convaincre que toutes les mesures sont courtes, droites, n'occupant que des surfaces, c'est-à-dire ne décrivant aucun contour et offrant, conséquemment, autant de garantie de succès dans la prise des mesures que dans leur application au tracé de la coupe.

Le tracé du dos se fait de la manière suivante : figure 120. On tire une ligne longue de 46 centimètres A, qui va du sommet de l'épaule à 6 du milieu du dos marqué B, jusqu'au bas de celui-ci, mais du côté opposé aux méthodes ordinaires; cette mesure est plus longue que dans celles-ci, sur une même taille, attendu qu'elle part d'un peu plus haut que le milieu de la nuque, et qu'elle passe sur l'omoplate qu'elle marque en passant. Au bas du dos C, on donne 6 comme du haut, puis on tire la ligne du milieu du dos de l'extrémité de la ligne B à la ligne C, pour placer ensuite une petite ligne parallèle à la distance de la mesure de carrure 19 marquée D, et sur la parallèle on descend du sommet du dos au bas de la petite carrure la mesure 21 marquée E.

On renverse ensuite le dos du côté opposé, de façon à le comprendre dans le tracé du devant, tant pour la ceinture que pour le rond de côté.

Et on commence à tracer le devant en tirant d'abord la ligne A ou ceinture de 40 de longueur, compris le bas du dos; du devant de la ligne A on dirige en biaisant la mesure du tendon du bras au devant de ceinture B, longue de 34, au bout de laquelle on croise la craie sur le ruban pour marquer un rayon; sur ce rayon on appuie la mesure C, ou diagonale du dessous de bras, qui a 28 de long. On tire un autre rayon avec la mesure E ou hauteur de côté, et on fixe la distance entre le haut des deux lignes C et E par le compas d'emmanchure D qui est de 13; après quoi on présente le dos au côté, ainsi que l'indique le modèle, pour allonger celui-ci par du rond, si le dos présente plus de longueur que lui.

On tire encore un rayon avec la mesure F de 26 centimètres, profondeur d'emmanchure qui ne comprend pas ici le haut du dos comme aux systèmes précédents. Et sur ce rayon on repose la mesure du devant 6, longue de 52 centimètres, pour fixer le sommet d'épaulette ; après quoi, on . cintre l'encolure et on marque la largeur d'épaule I, qui est de 13, pour terminer par la courbe de dessus l'épaule J, 26, que l'on peut remplacer par un barème du cintre, placé en ligne droite, tel qu'il est indiqué. Les divisions de ce barème, qui réduit chaque division de la différence qui existe entre la ligne droite et le cintre, et on dessine le devant dans son entier.

Si un tracé fait d'une. main expérimentée par cette méthode Scariano ou par la méthode de la Société artistique est comparé à un tracé établi par l'une des méthodes dites géométriques, on sera frappé de la différence en faveur du système triangulaire pour saisir les formes du buste et développer en plan le corsage.

Nous offrons donc les tracés de ces méthodes ou systèmes aux tailleurs experts qui, placés dans une situation indépendante, peuvent admettre pour leur maison la manière toute pratique d'établir le corsage sur mesures pour chacun de leurs clients et, à l'aide de ce corsage, établir quand besoin est, telle forme de vêtement qu'il convient d'établir, ainsi que nous en avons donné une série d'exemples, de la figure 92 à la figure 102, depuis la planche XXXI jusqu'à la planche XXXVI, en ce qui concerne les vêtements d'hommes, et figures 105 et 106, planche XXXVIII, en ce qui concerne les vêtements de dames.

On objecte que les méthodes géométriques, quelles qu'elles soient, offrent un avantage sur les méthodes ou systèmes sur mesures parce que toutes ont un point de départ qui donne la coupe parfaite pour l'homme proportionné.

C'est là une erreur capitale et nous allons le démontrer.

Nous opposons l'une à l'autre deux méthodes géométriques bien connues : celle de M. Lavigne et celle de M. Fournier, que nous faisons suivre d'un rappel de la méthode Compaing, dont nous enseignons les principes dans notre professorat.

La méthode de M. Lavigne, figure 122, établit le corsage entièrement par les divisions de la grosseur 48 et par la longueur de taille.

Celle-ci, haute de 45 centimètres en moyenne, forme le dos, dont le tiers de hauteur fixe la carrure. Le devant se trace sur une croix, dont la première ligne se compose de quatre fractions, 11, 11, 5 1/2 et 22 1/2 ; cette dernière fraction qui s'arrête en avant du creux de la hanche, déterminant la hauteur du dessous de bras, par la moitié de la taille du dos 45. Les 5 1/2 du centre font angle, ils existent en largeur comme en hauteur; en arrière de ceux-ci, 14 centimètres déterminent le diamètre d'emmanchure et fixent en même temps le degré de cambrure avec 4 1/2, c'est-à-dire le tiers des 14 d'emmanchure pour le rond du côté et en avant de la grande ligne ; 14 fixant le devant d'encolure et le bas du devant, dont il ressort 3 1/2 pour le rond de poitrine.

Au dos de la méthode Fournier, figure 121, le tiers de la hauteur de taille 45 fixe aussi la hauteur de carrure que règle cependant la diagonale du dos 24.

Pour le devant, une ligne de 54 de hauteur, égale à la mesure du buste, porte en dessus de l'épaulette deux divisions, 4 et 6, et au-dessus des 32 de profondeur d'emmanchure 2 fois 3, dont l'un sert à appuyer les 4 qui avancent l'emmanchure et dont l'autre sert à appuyer les 8 qui distancent de la ligne le crochet du côté.

A partir du bas du buste, un rayon qui repose sur la première fraction 6 du haut de la ligne se porte en avant et présente cette série de fractions : 8, 3, 5 et 6; le point 5 étant pris pour départ d'un rayon qui se trace du bas, à partir du bas du buste, pour aller déterminer le bas du devant où 6 et 20 sont en avant de la ligne de buste, et où la seconde partie 20, de la ceinture, moins les 6 portés en avant, c'est-à-dire 14, va fixer la cambrure.

Ces deux méthodes présentent des types moyens proportionnés qui ne se ressemblent pas du tout : celui de M. Lavigne est grand ; le carré du devant a 54 de haut, dont il n'y a à déduire que le creusement de bas du côté, et entre le sommet d'épaulette et le haut du côté il offre une distance de 22, où celui de M. Compaing n'offre que 19, et ces 19 sont une moyenne suffisante. Celui de M. Lavigne a 14 de diamètre d'emmanchure; celui de M. Fournier n'a que 12 à ce même diamètre d'emmanchure, auquel M. Compaing accorde avec raison 13.

Avec de telles disproportions dans les deux types moyens proportionnés des deux professeurs, MM. Lavigne et Fournier, c'est-à-dire dans leurs deux points de départ, il y en a certainement un de bien erroné, s'ils ne le sont tous les deux. Les types moyens proportionnés d'autres méthodes présentent entre eux des différences plus sensibles que celles-ci.

A quelles disproportions n'arriverons-nous pas dans l'application des changements au système, suivant les conformations, si les proportions qui doivent établir le modèle-type sont déjà si en désaccord ?

Les méthodes de mesurer et tracer à l'aide de triangles, telles que celle de la Société artistique ou celle de Scariano, ne prétendent pas à un type moyen proportionné qui sera le beau : leurs mesures saisissent le mieux possible la conformation du buste et en développent le plan à plat dans le tracé; puis le praticien, selon son goût, donne l'élégance utile aux parties du tracé qui sont le plus sensibles aux modifications qu'entraîne la mode.

Ces observations faites, nous laissons à nos confrères tailleurs expérimentés le soin de décider celui des systèmes qui leur conviendra le mieux et nous conclurons bientôt en offrant notre Tracé de la Méthode que nous avons créée et que nous nommons universelle parce qu'elle s'accommode des mesures de toutes les méthodes reçues.

Avant d'en venir là, présentons une idée, simpliste si l'on veut, mais qui, pour le corsage, a quelque peu rempli le but de toutes les méthodes géométriques. Il s'agit d'une série de patrons de corsages tracés sur le même carton, qui s'accrochait dans l'atelier de coupe, accompagné de trois autres cartons contenant la série des basques d'habit, la série des jupes de redingote et la série des manches. (Nous en présentons 3 corsages pris dans une série de 12, fig. 124.)

Semblable travail a dû se faire, nous le croyons, pour les gilets et les pantalons.

Quant aux corsages avec basques, jupes et manches, il nous semble les voir encore tels que nous les avons connus chez plusieurs tailleurs à l'époque de notre apprentissage.

Les premiers types de ces modèles n'étaient pas signés que nous sachions. Ils dataient de 1816, mais d'autres types datant de 1822, et signés Delarue, présentaient un perfectionnement sur les premiers. Un tailleur d'une de nos villes du Nord les possédait encore en 1839 et a bien voulu nous les soumettre pour que nous en établissions la comparaison avec les méthodes géométriques dont nous faisions alors une étude sérieuse en même temps que des instruments mesurateurs *et* des nombreuses collections de patrons classés et catalogués avec un soin extrême par le digne M. Barde.

A cette même époque, 1839, nous correspondions avec M. Thurroque, rédacteur de la *Théorie de l'Art du Tailleur*, et c'est dans ce journal, dont nous avons 27 ans plus tard été le directeur-propriétaire, que nous avons présenté nos premières observations défavorables aux systèmes de coupe sur mesures à l'aide d'instruments mesurateurs, tels que ceux de MM. Sylvestre, Gilet, Delas et Blanchetière (Exposition nationale de 1839).

Mais revenons aux patrons gradués de Delarue ou autres, et disons de suite que si la profession de tailleur pouvait s'exercer avec quelques types seulement, ces patrons, dont l'usage nous paraîtrait aujourd'hui si primitif, renfermaient toute la méthode géométrique, moins la peine de tracer chaque modèle à l'aide de lignes de construction. (Chaque tracé de patron était troué de façon à en faire le calque.)

Il n'en peut être ainsi parce que les formes sont extrêmement nombreuses, susceptibles de varier et que tous les tailleurs veulent avec raison posséder les connaissances nécessaires pour établir les modèles sans autre instrument qu'une règle, une équerre et un ruban métrique, en y ajoutant l'échelle des proportions lorsqu'il y a lieu.

Rendons donc aux novateurs des premières méthodes géométriques le tribut d'éloges qui leur est dû, notamment à M. Guillaume Compaing qui, en créant une des premières méthodes géométriques, qui est en même temps la plus répandue et la plus justement appréciée, a créé l'instrument qui la complète, l'*Échelle des proportions*, dont l'invention, seule, serait un titre à la reconnaissance de toute la profession de tailleur.

On sait, du reste, que M. Ch. Compaing, continuant l'œuvre de son père, a publié divers ouvrages très complets traitant de la coupe des vêtements d'hommes. Son dernier ouvrage, contenu en un très beau volume in-folio, cartonné, du prix de 35 francs, est le plus complet qui ait paru traitant de sa méthode, avec un luxe de planches de modèles qui est véritablement remarquable.

Titre de l'ouvrage : « *L'Art du Tailleur*, traité pratique de la coupe des vêtements, édition de 1880, par Ch. Compaing, directeur du *Journal des Tailleurs*, et L. Devere, directeur du *Gentlemens Magazine of fashion*. »

MÉTHODE UNIVERSELLE DE LA COUPE DES CORSAGES

Par THIRIFOCQ

Les mesures du corsage, applicables au tracé de coupe par la Méthode que nous appelons universelle, se prennent de la manière suivante :

1 Hauteur du dos (taille naturelle). 44
2 Largeur du dos, prise au bas de la carrure d'une épaule à l'autre, 38, dont la moitié est. 19
3 Oblique ou diagonale du dos, prise de la nuque au bas de la carrure, où elle fait angle avec la mesure transversale de la largeur du dos. 24
4 Longueur du buste prise de la couture d'épaule à la hanche. 48
5 Longueur du devant, prise de la couture d'épaule au devant de ceinture. 52
6 Longueur du devant, prise du devant du cou au devant de ceinture 40
7 Largeur de poitrine, prise d'un devant de bras à l'autre, à la hauteur de la saignée de la manche (moitié). 22
8 Hauteur du petit côté. 22
9 Tour de ceinture, dont la moitié est. 40
10 Grosseur du buste prise sous les bras dont la moitié est. . . 48

A la longueur du dos, on peut faire suivre celle de la basque du vêtement, s'il y a lieu.

Les premières mesures, bien prises sur le vêtement boutonné, en mettant un cordon noué autour de la ceinture, à la hauteur naturelle de celle-ci, suffiront pour exécuter une coupe exacte du corsage, en suivant le mode de tracé démontré ci-dessous.

Le dos s'établit en traçant d'abord, comme à la figure 126, une ligne, n° 1, de 44 de long, puis une petite ligne parallèle à la première, à la distance de 19 de largeur de carrure, que nous indiquons par la ligne n° 2, mais dont la hauteur n'est déterminée que par la diagonale du dos, n° 3, dont la longueur 24 vient former angle sur la petite ligne parallèle indiquée plus haut.

On donne au haut du dos le tiers de la largeur de carrure, soit 6 1/3 tracé bien d'équerre où, pour former le cintre d'encolure, on élève 1 au-dessus de cette petite ligne. On donne au bas du dos la même largeur 6 1/3 puis on élève la moitié de cette fraction, c'est-à-dire 3, au-dessus de la ligne de carrure 19, après quoi on trace le dos dans son entier, comme à la figure 127.

On renverse ensuite le dos dans le sens contraire, après l'avoir coupé, puis on le place comme à la figure 128, en l'obliquant un peu afin qu'en traçant le devant celui-ci présente la coupe droite. Sur les 19 de carrure, on prend les 2 tiers un peu forts, soit 13, pour la largeur de l'emmanchure. On marque donc ce chiffre 13, et 6 reste en avant de ceux-ci pour être compris dans la mesure de poitrine 22.

On place ensuite une marque au milieu du bas du dos, à 2 centimètres de hauteur, et on prolonge la ligne du dos jusqu'à la hauteur du buste, 48 plus 1. Cette ligne, 49, dépasse donc de 5 le dos, qui est de 44. Pour fixer le sommet d'épaulette du devant vers l'encolure et ces mêmes 5, on les place au-dessus de l'épaule du dos, à la distance que celle-ci marque elle-même, à partir du sommet désigné ci-dessus.

De chaque côté du bas du dos, à partir de la marque que nous y avons faite, on indique, par le chiffre 20, la moitié de ceinture 40, qui est déjà divisée par moitié dans la prise des mesures. Sur le devant, on marque la longueur de celui-ci, prise de l'épaule, 52, et, sur le derrière, on descend, à partir du bas de la carrure du dos, la même longueur que présente le côté du dos; lignes marquées AA, et on marque, comme à la figure 129, le devant, pris du cou, à la ceinture, que nous plaçons ici en remontant; puis, on trace le devant dans son entier, en réglant la hauteur du petit côté 22.

Ce tracé tout particulier, dans lequel le devant se fait en partie par le dos, est d'une simplicité extrême et s'établit à l'aide des mesures intégrales, sans faire usage d'autres fractions que le tiers de carrure. Sa simplicité l'a rendu accessible aux dames couturières, auprès desquelles il a un grand succès pour la coupe du corsage des robes.

Nous verrons plus loin qu'en faisant usage de ce système, pour la coupe des corsages de vêtements d'hommes, on peut y appliquer les mesures de toutes les méthodes connues.

Voici d'abord son application aux mesures et à la coupe des corsages de robes, suivant nos figures 130 et 131, pl. XXXXIV.

1 Hauteur du dos. 37
2 Largeur du dos, prise au bas de la carrure. 18
3 Oblique ou diagonale du dos. 24
4 Buste ou hauteur du devant, de la couture d'épaule à la hanche. 42
5 Longueur ou hauteur du devant de la couture d'épaule au devant de ceinture. 42
6 Hauteur du devant du cou à la ceinture. 32
7 Largeur de poitrine, d'un devant de bras à l'autre, 44, dont la moitié est. 22
8 Hauteur du côté, du dessous de bras à la ceinture. 17
9 Ceinture ou tour de taille (moitié) 30
10 Grosseur du buste prise sous les bras (moitié) 44

Pour tracer ce corsage, le dos s'établit sur une ligne indéterminée en face de laquelle nous en traçons une plus courte et bien parallèle, à la largeur de carrure, 18; de ce point nous remontons sur la grande ligne la diagonale 24 qui fixe le haut du dos et de là nous descendons la mesure de longueur du dos 37.

Pour former la petite carrure on élève au-dessus de l'angle de la carrure, 18, le tiers de celle-ci, 6, on donne également 6 au haut du dos en élevant 1 au-dessus du point 6 pour former le cintre d'encolure, puis, dans le bas, on donne la largeur 3, après quoi on trace le dos dans son entier.

Pour tracer le devant, on renverse le dos, découpé, que l'on trace ainsi que nous l'indiquons, en lignes brisées, on fait une petite croix au milieu du bas du dos, à 2 centimètres de hauteur, et de ce point on élève la mesure de buste, 42, à l'aide de laquelle on prolonge du haut la ligne du milieu du dos. Le haut de cette ligne fixe le sommet d'épaulette d'où on descend la mesure du devant, qui est également de 42; mais, comme on n'a pas encore fixé où sera la largeur du devant de ceinture, on tire un petit rayon, à cette longueur 42.

On divise ensuite la ceinture 30, par moitié, 15, de chaque côté de la marque faite au bas du dos, sur ces 15 on déduit 2, derrière, et sur ce point 2 on tire une ligne sur laquelle on fixe la longueur du côté par celle du côté du dos, avec lequel il doit s'assembler; puis à partir du tiers de carrure, 6, placé comme nous l'indiquons dans le dos, on place en avant les 22 de poitrine que l'on répète du bas, à partir de la marque du bas du dos et l'on voit qu'entre les 15 de ceinture et les 22 de carrure il y a 7 en trop qui seront retiré par les pinces. On trace ensuite le bas du corsage d'où l'on remonte à partir de la hanche, la hauteur du dessous de bras au petit côté, 17. En cet endroit on forme, très modérément, la pince de dessous de bras. On place les pinces vers le milieu de la largeur de la poitrine et on leur donne en hauteur, les deux tiers du côté 17, c'est-à-dire 11 2/3 environ.

Enfin on dessine l'épaulette en la dirigeant de son sommet, en haut de la ligne 42, jusque sur la pente d'épaule du dos en réglant la largeur de l'épaule du devant par celle du dos, puis on trace le corsage dans son entier, ainsi que le présente le petit modèle.

En faisant usage des mesures prises par le même système, pour une personne plus forte ou plus mince, on peut aussi grandir ou diminuer un patron de corsage pour dame, mais ce procédé, qui est démontré dans notre *Traité de coupe des vêtements de dames*, n'est pas préconisé par le tailleur.

En terminant, nous allons démontrer que la méthode universelle de coupe des corsages se prête parfaitement à l'usage des mesures des divers systèmes ou méthodes.

COUPE DES CORSAGES SUIVANT LA MÉTHODE UNIVERSELLE A L'AIDE DES MESURES DE DIVERSES MÉTHODES.

Mesures de la méthode Compaing, telles que nous les employons dans le professorat.

Le dos est établi par la hauteur naturelle de la taille, 44 (4 de moins que la courbure) en fixant la carrure, 19, à la hauteur où repose la diagonale 24, le haut et le bas, soit par le huitième de la grosseur 48, ou par le tiers de la largeur de carrure, puis la petite carrure, par la moitié de ce qui est donné au haut du dos.

Ainsi établi, le dos est renversé pour aider à tracer le devant. Le milieu de ceinture concordant avec le milieu du bas du dos, le sommet d'épaulette s'élèvera au-dessus de la ligne droite du dos et le crochet reposera sur le bas de la petite carrure.

Les mesures de largeur ayant donné un avancement d'emmanchure 32 et une carrure 19, il est tout simple de ramener en avant par le diamètre d'emmanchure, les 13 qui restent, c'est-à-dire la différence entre 19 et 32. Le sommet d'épaulette s'élève naturellement à la hauteur de buste 53, moins les 6 du haut du dos, après avoir élevé la hanche à 2 centimètres au moins, au-dessus de la ligne qui traverse le bas du corsage. Puis, en partant de ce sommet d'épaulette, la profondeur d'emmanchure 32 descend celle-ci à sa proportion, toujours moins les 6 du haut du dos, afin qu'à la hauteur du chiffre 32 une petite ligne transversale serve en même temps à fixer le bas d'emmanchure et la partie du côté où le rond se formera par une répétition de la mesure d'avancement, où un angle est formé par un simple coup de craie, en donnant au côté les 16 de largeur qui restent des 32, déduction faite de la largeur donnée au dos, dans la direction exacte à celle de la mesure prise.

Les 22 de poitrine, plus 1 d'aisance, se placent où la mesure est prise, en avant de l'emmanchure ; la ceinture 40 se divise par moitié de chaque côté à partir de l'astérisque marqué au milieu du bas du dos.

Pour contrôler le tracé du rond du côté, on fait usage de la mesure de courbure réunie à la mesure du buste à sa base, qui est le milieu de ceinture, en divisant la courbure en deux parties qui la contiennent : l'une en diagonale, de la nuque au côté du dos, à l'endroit de la transversale qui passe sur l'omoplate ; l'autre, en diagonale, qui remonte du milieu de ceinture au côté du devant, à l'endroit de la même transversale, en ajoutant à la mesure 49 de courbure 1 centimètre pour la couture du côté. (*Voir dans le Professorat les mesures et la coupe des corsages, planches 12 à 14, que nous y enseignons suivant les méthodes Compaing.*)

Mesures du corsage suivant la méthode de la Société artistique des tailleurs de Paris.

A la figure 133 comme au tracé 118, le dos est tracé par les mesures H, ou longueur de taille I, ou carrure, et J, ou diagonale qui sont identiques à celles de la méthode universelle, nous avons renveré le dos, le bas au milieu de sa ceinture où nous l'avons tracé pour élever le sommet d'épaulette au-dessus de la ligne droite, et faire reposer le crochet au bas de la petite carrure, puis en appuyant le patron du dos découpé, la carrure du crochet et le bas sur l'extrémité de la ceinture, après avoir formé le premier triangle qui est la base du devant, A, B, C, qui fixe le devant d'emmanchure à son sommet, le triangle B *bis* et D appuyés sur C. Puis les mesures de buste E et côté F, après lesquelles la mesure C, partagée en deux parties, marque sur une même ligne ce qu'elle a de compris dans le travers du dos et dans le travers du côté jusqu'au tendon d'avant-bras.

La ligne J *bis* qui est comprise dans le devant et fait suite à la mesure J du dos.

Les mesures K et L déterminant la hauteur et la largeur de la poitrine.

Et les mesures M et N déterminant la largeur et la hauteur de l'épaulette.

(*Revoir la description des figures* 117, 118 *et* 119.)

Mesures du corsage suivant le système Scariano.

Dans ce tracé, figure 133, le dos est encore établi en premier par les mesures de cette partie A, B, C, D, E, de la figure 120, et le dos étant renversé, le devant établi par les mesures A, B, C, D, E, F, G, H, I, J, dont les sept premières forment des triangles et dont les trois dernières déterminent la largeur de poitrine, celle de l'épaule et la hauteur de celle-ci à partir du point de repère qui est fixé au tendon d'avant-bras. (*Revoir la description de la figure* 120.)

Il est certain que pour deux méthodes comme ces dernières, dans lesquelles les mesures font le modèle plus que dans toute autre méthode, notre procédé du tracé du devant par celui du dos n'est qu'un aide secondaire, cependant il aide au point de vue du dessin, et prévient les erreurs dans la réunion des triangles dont il accélère le travail.

Le devant formé par le dos offre non-seulement l'avantage de ramener toutes les méthodes de coupe du corsage à un tracé unique, supprimant toutes les constructions du carré et constituant un guide certain pour la précision dans l'application des mesures, il présente encore l'avantage de tracer très-facilement sur étoffe, mais nous n'insistons pas sur ce point, attendu que dans toutes les coupes possibles nous croyons qu'il y a économie d'étoffe à se servir du patron de vêtement tracé à l'avance pour le sujet à habiller, ou tout au moins du patron de son corsage, sauf à y ajouter l'usage d'une manche et d'une basque, dont on a les types généraux pour les modifier suivant les mesures. Nous croyons même, qu'avec l'habitude de l'usage du patron, si vite établi, on arrive à l'économie de temps.

Dans tous les cas notre procédé de coupe du corsage, le devant tracé à l'aide du dos, est tout à la fois simple, pratique très-vivement établi, et il présente à première vue l'aspect de la conformation du sujet dont on a appliqué les mesures.

Avec cette coupe, le dessin suppléerait au besoin à une partie des mesures si celles-ci manquaient.

Quelques tracés de cette coupe, pour des conformations voûtées ou renversées, pour homme gros, etc., démontreront ce que nous avançons.

Cependant nous l'avons dit en commençant notre article « *Aux Praticiens,* » c'est aux tailleurs experts que nous nous adressons pour leur exposer les avantages des méthodes ou systèmes de coupe à base triangulaire, et de notre méthode universelle de coupe du corsage.

Mais c'est sans préjudice de nos démonstrations aux élèves, de la coupe de tous vêtements, soit avec cadre et lignes de construction, soit à l'aide du corsage, afin que, devenus coupeurs, à même de pratiquer partout suivant les habitudes reçues, ils puissent alors apprécier s'il leur convient de s'initier à cette dernière partie de notre ouvrage, après tout ce que contient notre professorat.

THIRIFOCQ.

FIN DU TRAITÉ DE COUPE DES VÊTEMENTS D'HOMMES.

On trouve chez l'auteur, M. THIRIFOCQ,

A Paris, 23, boulevard de Sébastopol, et à sa Maison de Bruxelles :

Premièrement. — **Le Traité complet de la coupe des robes et vêtements de dames,** suivi de la coupe des chemises et de la grande lingerie. Prix : 3 fr.; franco par la poste : 3 fr. 25.

Deuxièmement. — **L'Échelle des proportions,** établie en un grand tableau contenant huit règles, recto et verso, soit seize faces de règles présentant sur chaque bord une seule ligne d'échelle afin d'éviter toute erreur dans son usage aux tracés de coupe. Prix : 2 fr.; franco par la poste : 2 fr. 25.

Troisièmement. — Tous patrons découpés de vêtements d'hommes, de dames et d'enfants.

Quatrièmement. — Tous patrons montés et garnis de costumes et confections pour dames et enfants.

COURS DE COUPE DE TOUS VÊTEMENTS D'HOMMES

Par THIRIFOCQ

Dans le cours de coupe des vêtements d'hommes tenu par M. THIRIFOCQ, Paris, 23, boulevard de Sébastopol, est enseignée la méthode la plus pratique et la plus répandue.

Ce cours comprend l'étude des mesures, leur application à la coupe des vêtements civils, militaires, du clergé et de la magistrature, ainsi que l'amazone et les vêtements de dames qui sont du ressort du tailleur, puis un nouveau système d'essayage qui lève toutes les difficultés dans cette partie importante de l'art du tailleur.

Pour que chaque élève puisse toujours se remémorer les leçons qu'il a reçues, les tracés en grand de chaque leçon lui sont remis sur des feuilles signées par le professeur M. Thirifocq.

Prix du Cours complet, composé de vingt leçons payables d'avance... 50 fr.
Prix de chaque leçon particulière.................................... 4 fr.

COURS DE COUPE DES ROBES ET CONFECTIONS POUR DAMES ET ENFANTS

Par THIRIFOCQ

Ce cours comprend les mesures et leur application à la coupe du corsage, le moyen pratique de grandir ou diminuer tous les modèles, suivant les mesures ; la coupe des jupes rondes et à traine, puis le dessin de tous modèles à l'aide du corsage.

Enfin, un nouveau procédé d'essayage dont les résultats sont parfaits.

Prix du Cours complet, composé de vingt leçons payables d'avance... 50 fr.
Prix de chaque leçon particulière............................... 4 fr.

Paris, 23, boulevard de Sébastopol.

———

On s'abonne à la Maison Thirifocq, à Paris, et même Maison, à Bruxelles : à **la Confection de Paris**, publication spéciale de Patrons de confections, montées et garnies, pour dames.

PRIX D'ABONNEMENT : FRANCE ET UNION POSTALE EUROPÉENNE

ÉDITION MENSUELLE....... 3 mois, 5 fr. — 6 mois, 9 fr. — 12 mois, 17 fr.
ÉDITION BI-MENSUELLE.... 3 mois, 9 fr. — 6 mois, 17 fr. — 12 mois, 32 fr.

Un numéro contenant le dernier patron paru : 2 fr. 50.

———

On s'abonne aussi aux

Patrons Thirifocq et la Figurine - Mode

paraissant en deux éditions distinctes.

La première édition, mensuelle, publiant le 1er de chaque mois une gravure contenant un groupe de figurines avec le patron découpé de la plus remarquable nouveauté de ce groupe ; ce patron taillé avec soin et portant les marques nécessaires à son assemblage, à ces relevés, etc.

La deuxième édition, tri-mensuelle, paraissant les 1er, 10 et 20 de chaque mois. Le premier numéro contenant les mêmes éléments que dans la première édition, puis les numéros des 10 et 20 contenant chacun une figure coloriée et le patron du costume qu'elle représente.

PRIX D'ABONNEMENT : FRANCE ET UNION POSTALE EUROPÉENNE

1re ÉDITION, MENSUELLE.... 3 mois, 4 fr. — 6 mois, 7 fr. — 12 mois, 12 fr.
2e ÉDITION, BI-MENSUELLE.. 3 mois, 9 fr. — 6 mois, 16 fr. — 12 mois, 30 fr.

Un numéro contenant figurine et patron : 2 fr.

Adresser les demandes d'abonnement ou Patrons à M. THIRIFOCQ, à Paris, 23, boulevard de Sébastopol; à Bruxelles, Maison Thirifocq.

———

6818. — Paris. Imp. FÉLIX MALTESTE et Cᵒ, 22, rue Dussoubs (auc. rue des Deux-Portes-Saint-Sauveur).

Fig. 1.   PL. I.   Fig. 2.

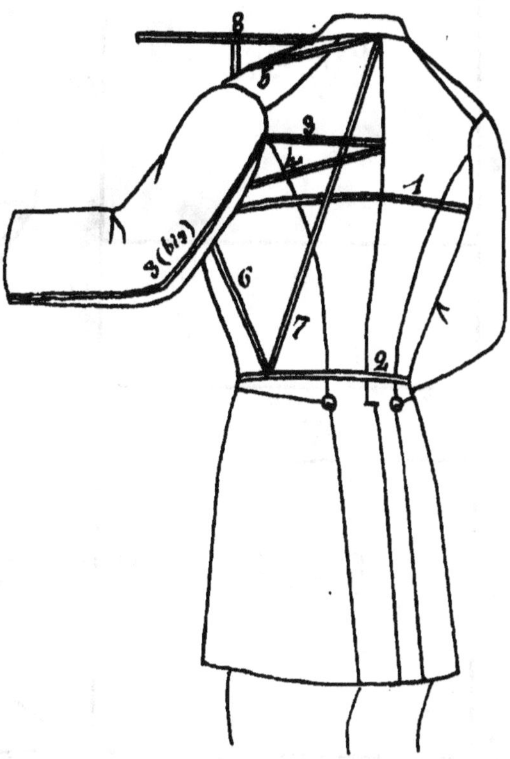

Fig. 1.(bis) 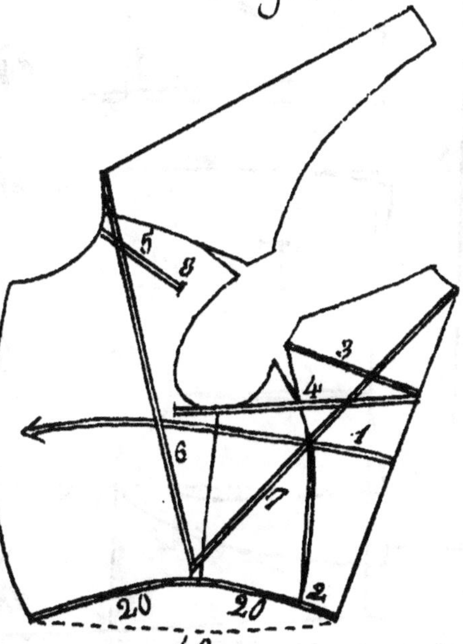   Fig. 3.    Fig. 2.(bis)

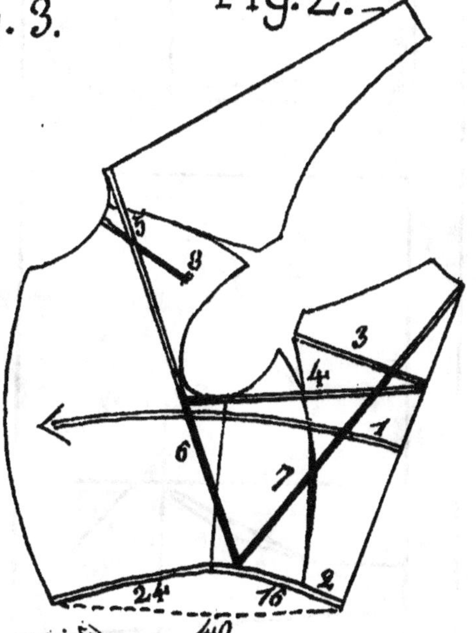

PL. II.

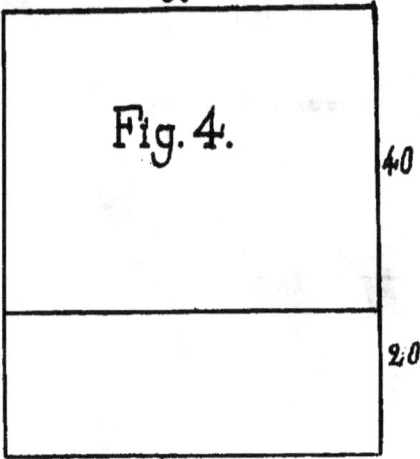

Fig. 4.

50

40

20

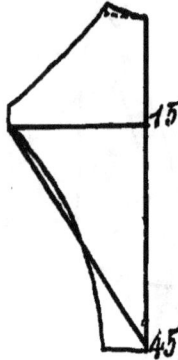

Fig. 7.

15

6 20

45

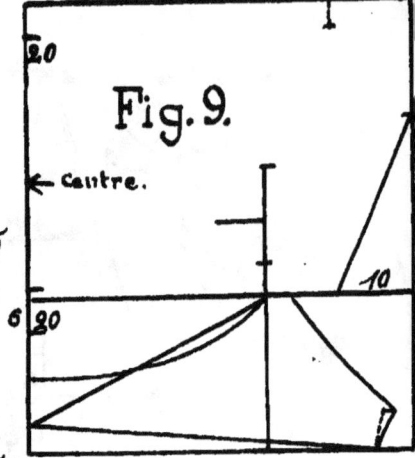

Fig. 9.

10

20

← Centre.

10

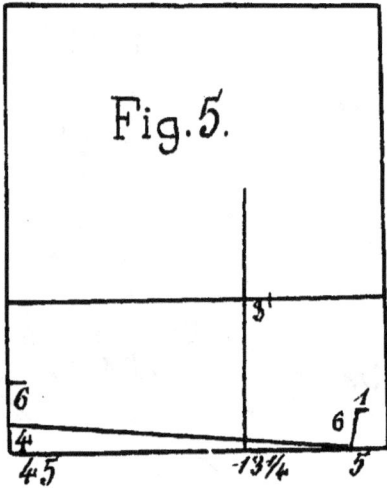

Fig. 5.

3

6

4

45 -13¼ 5

6 1

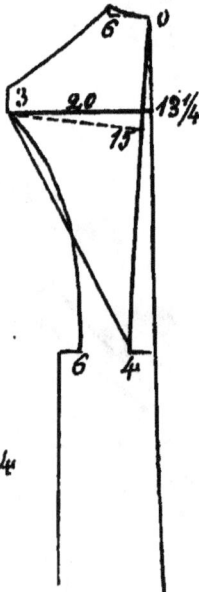

Fig. 8.

6 0

3 20 13¼

15

6 4

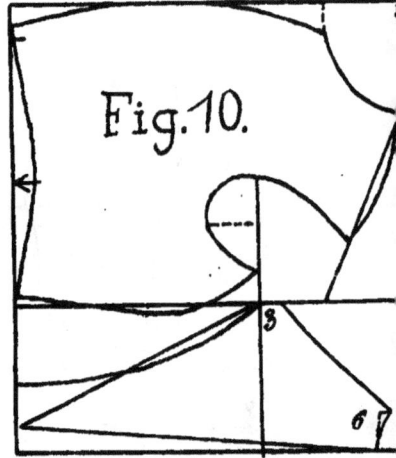

Fig. 10.

3

6

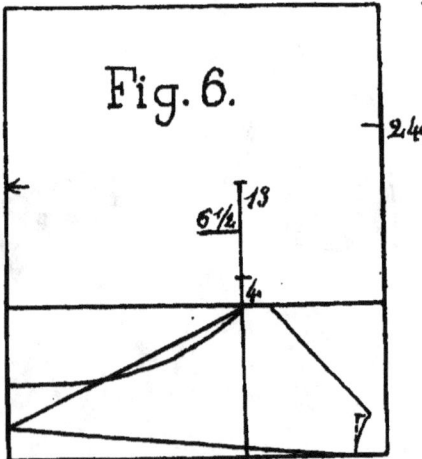

Fig. 6.

24

13

6½

4

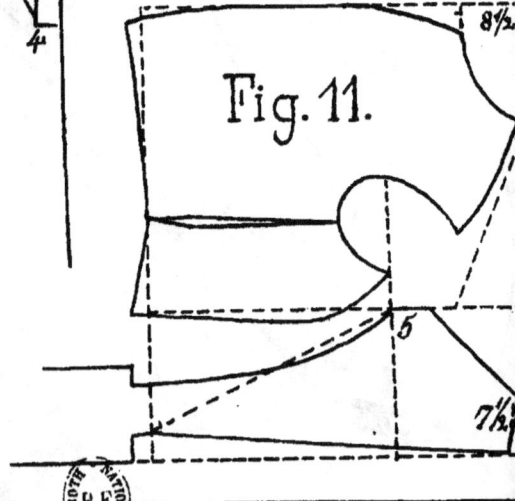

Fig. 11.

8½

5

7½

PL. III.

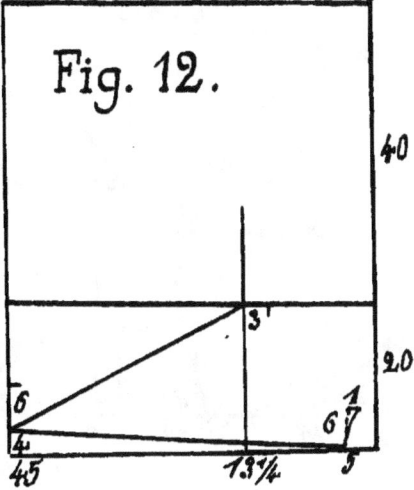

Fig. 12.

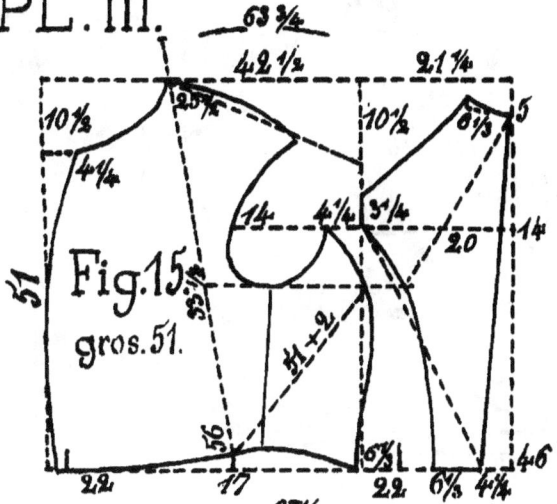

Fig. 15.
gros. 51.

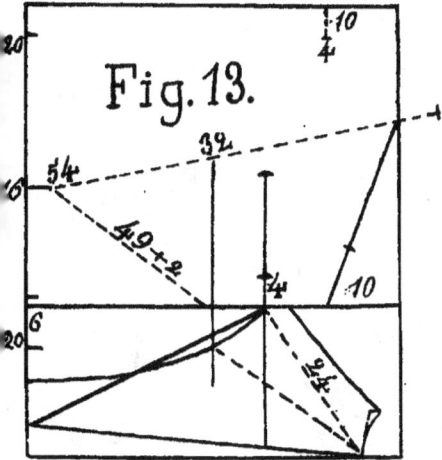

Fig. 13.

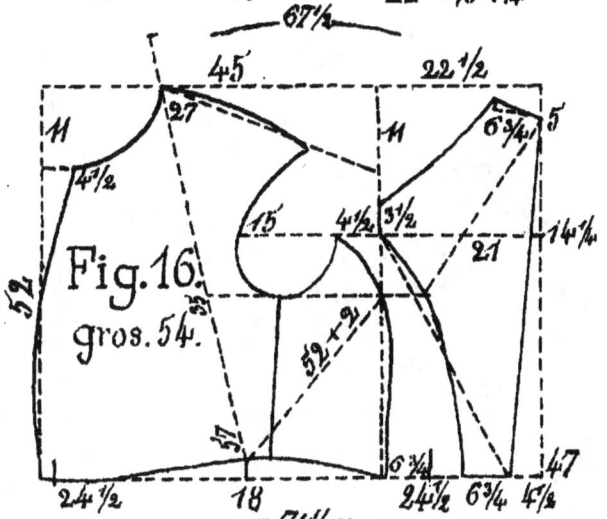

Fig. 16.
gros. 54.

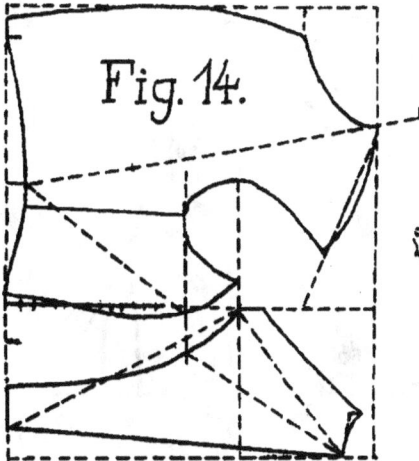

Fig. 14.

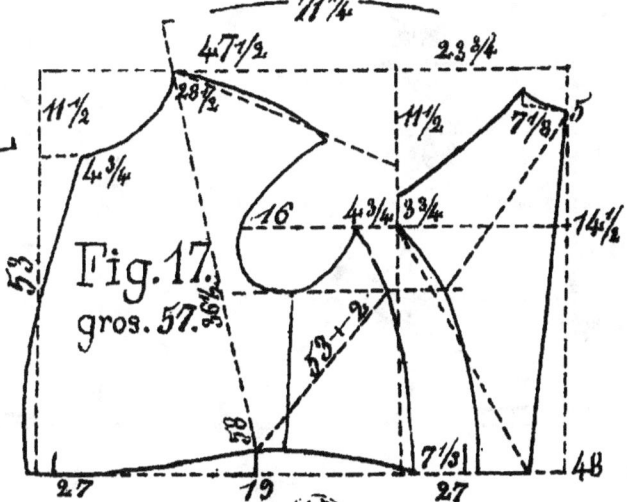

Fig. 17.
gros. 57.

PL. IV.

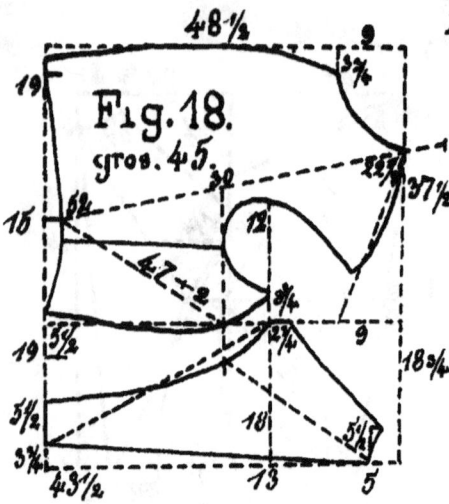

Fig. 18.
gros. 45.

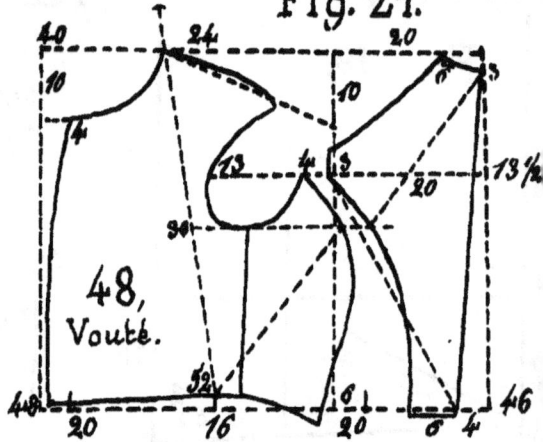

Fig. 21.
48, Vouté.

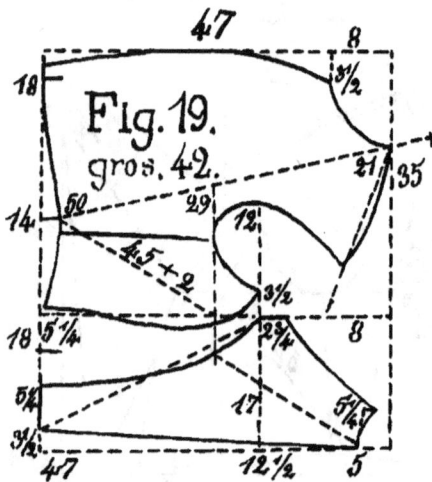

Fig. 19.
gros. 42.

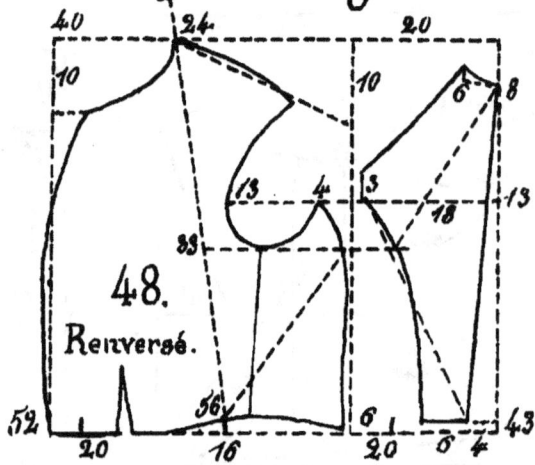

Fig. 22.
48. Renversé.

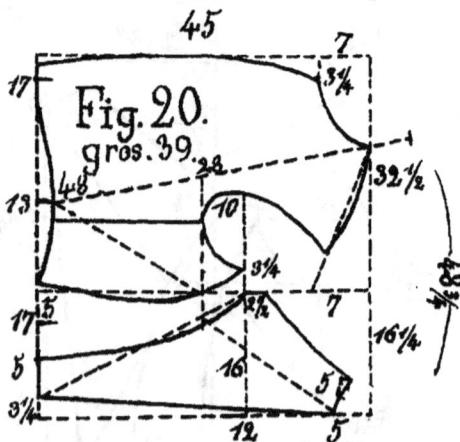

Fig. 20.
gros. 39.

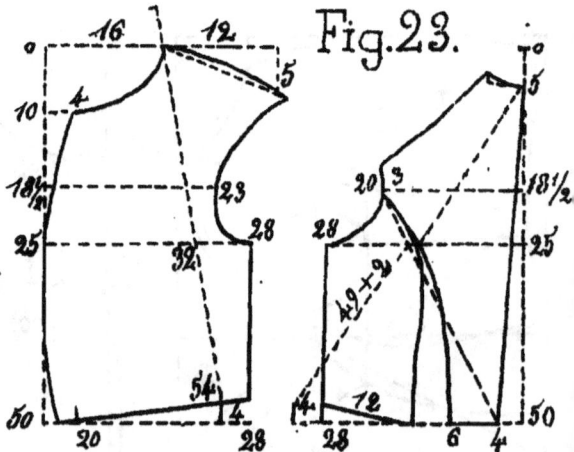

Fig. 23.

Fig. 24.

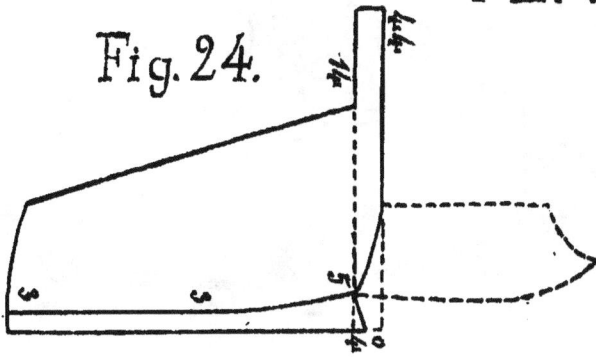

Fig. 27.

A

Fig. 25.

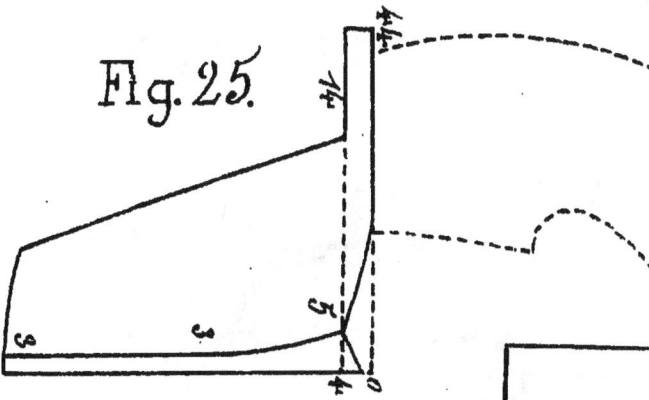

Fig. 28.

Fig. 26.

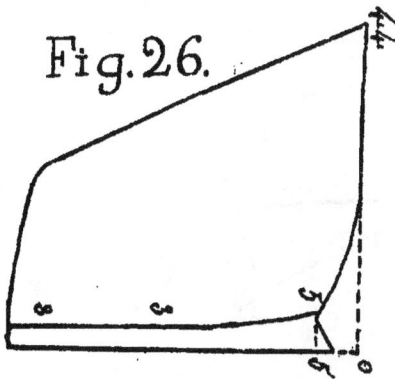

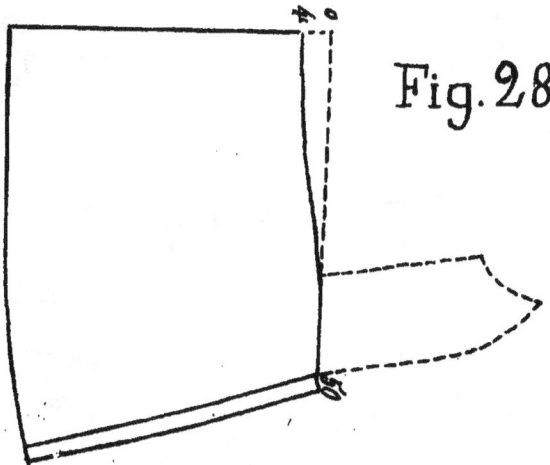

Fig. 29.

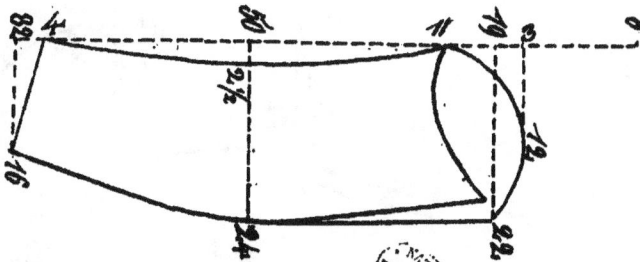

PL.VI.

Fig.31.

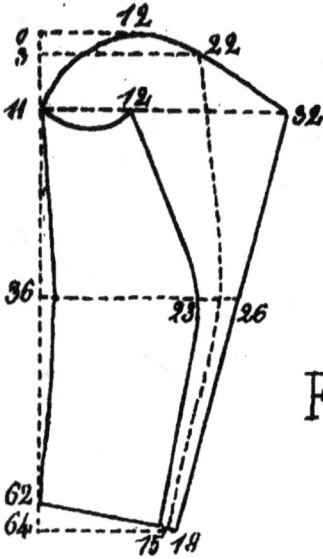

Fig.30.

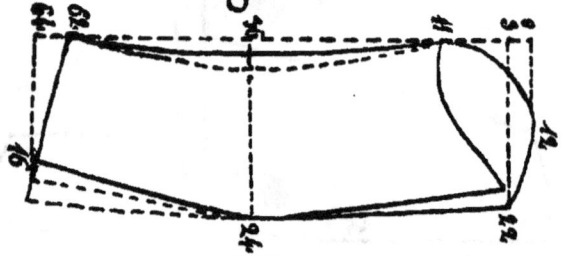

Fig.32.

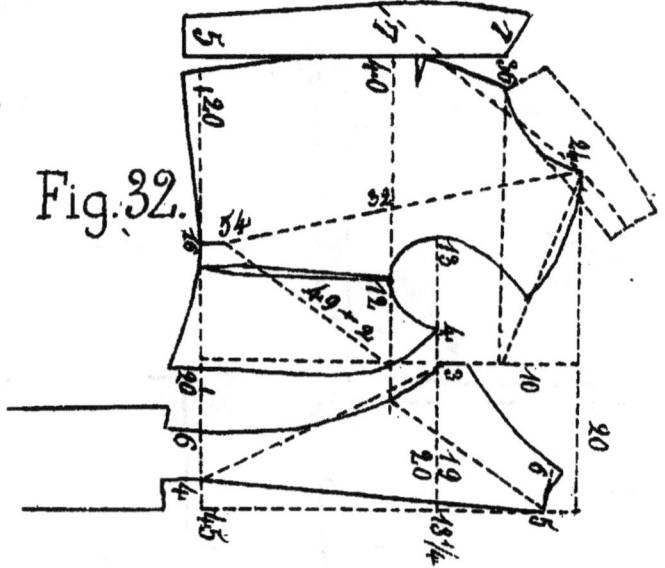

Fig.33.

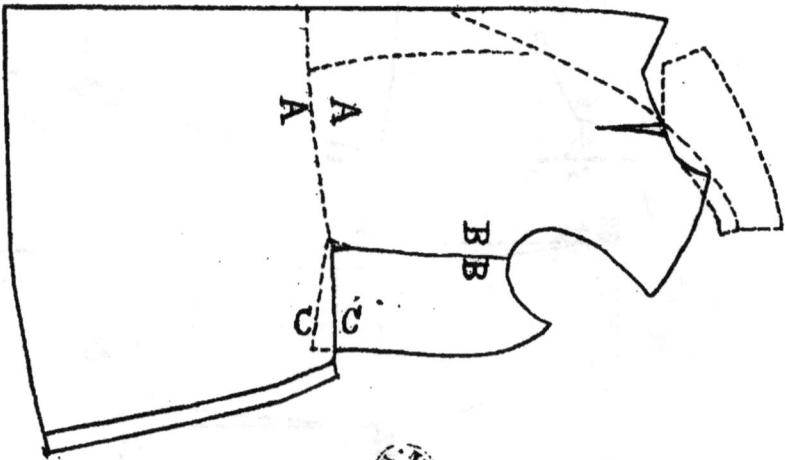

PL. VII.

Fig. 34.

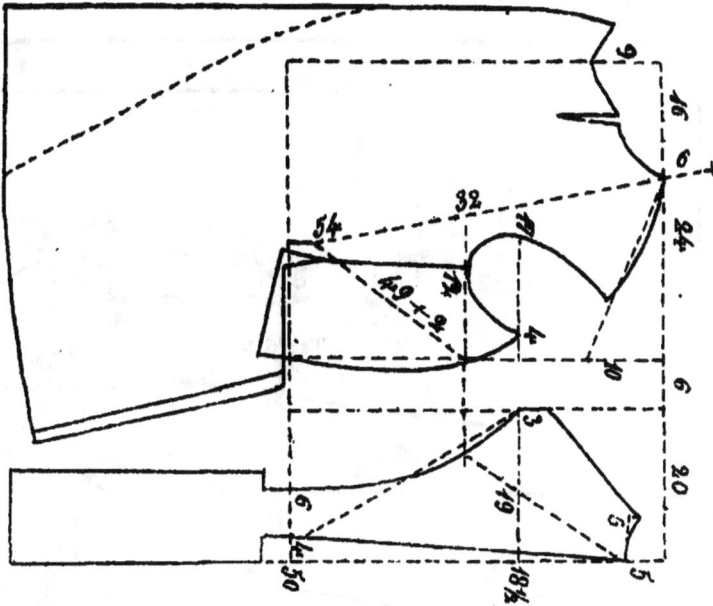

Fig. 35.

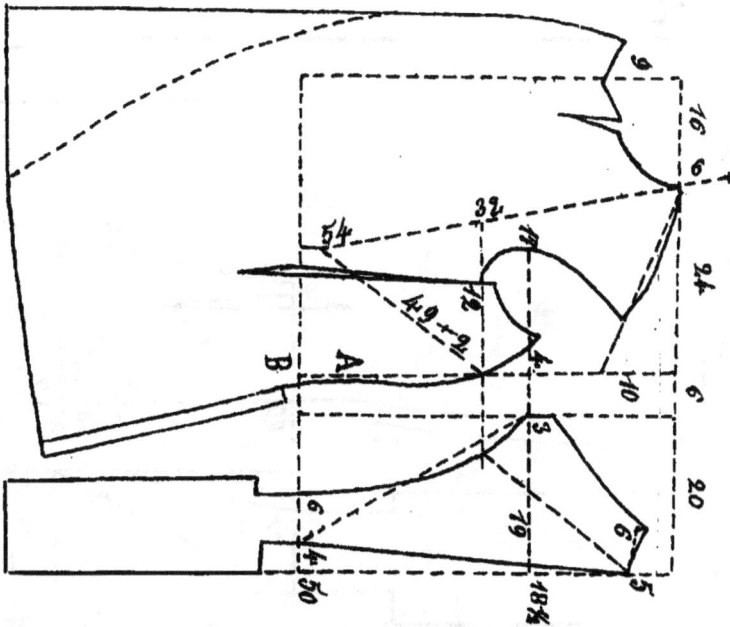

PL. VIII.

Fig. 36.

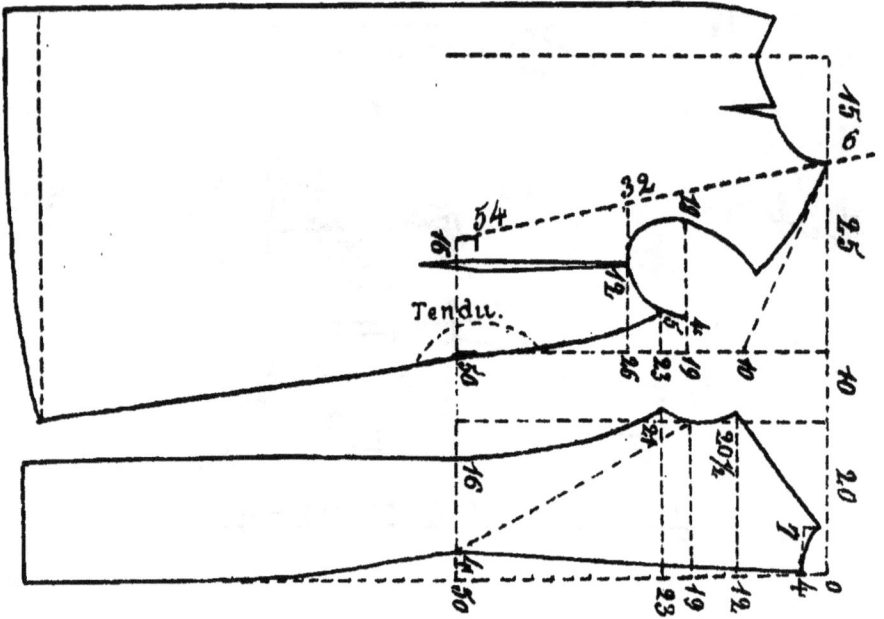

Fig. 37.

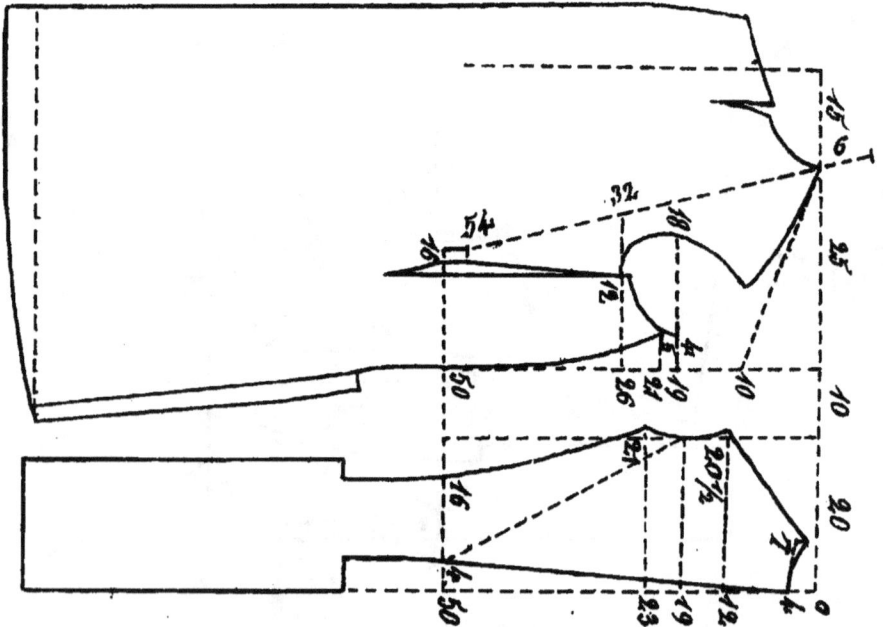

PL. IX.

Fig. 38.

Fig. 39.

PL.X.

Fig. 40.

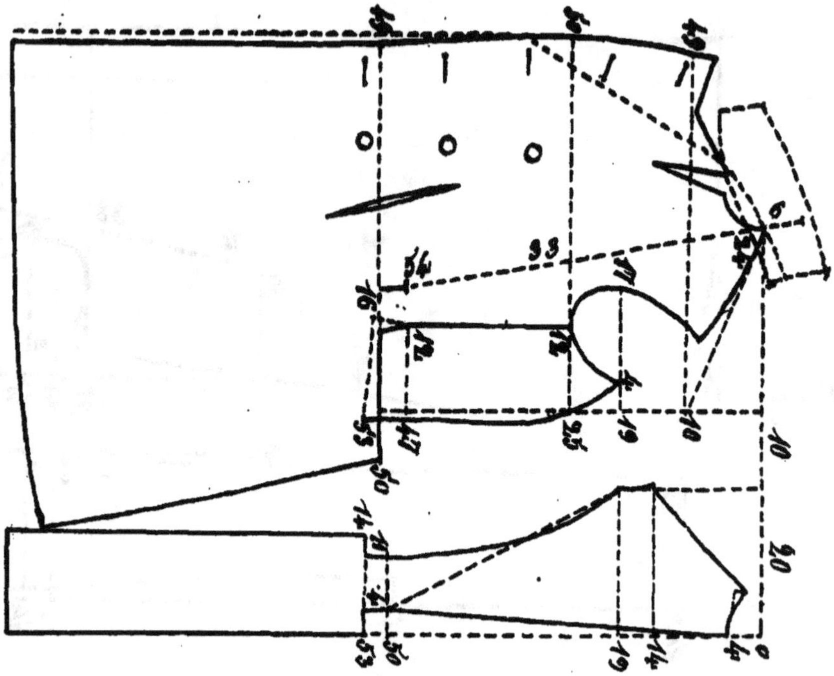

Fig. 41.

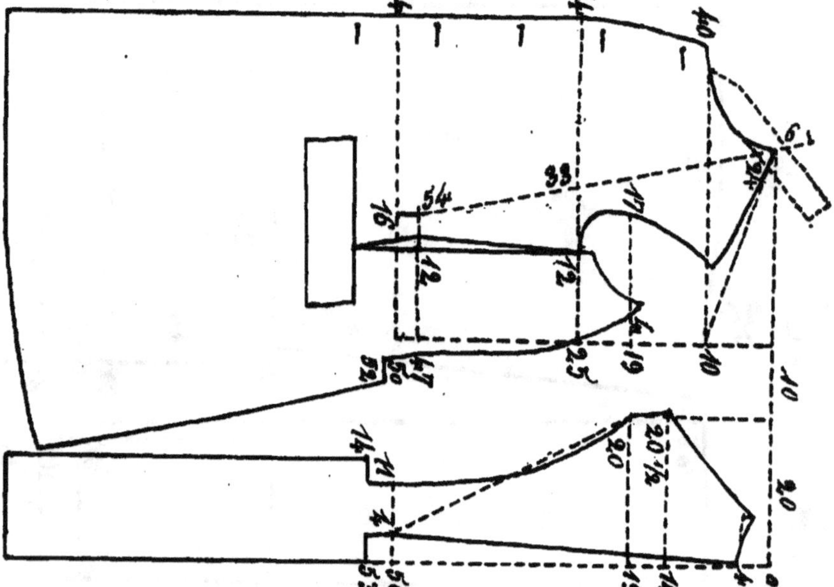

PL. XI.

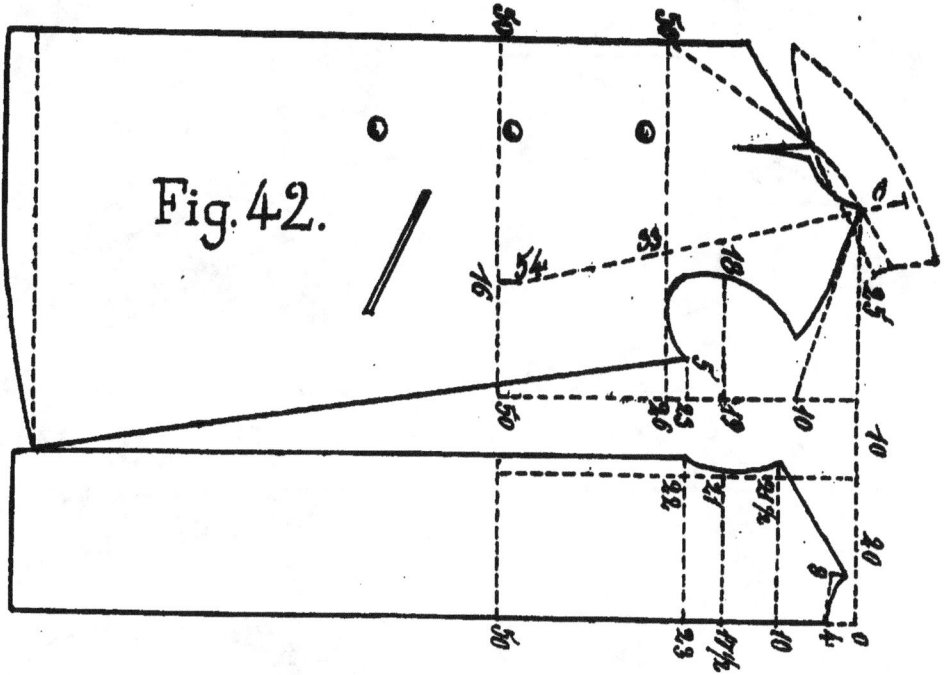

Fig. 42.

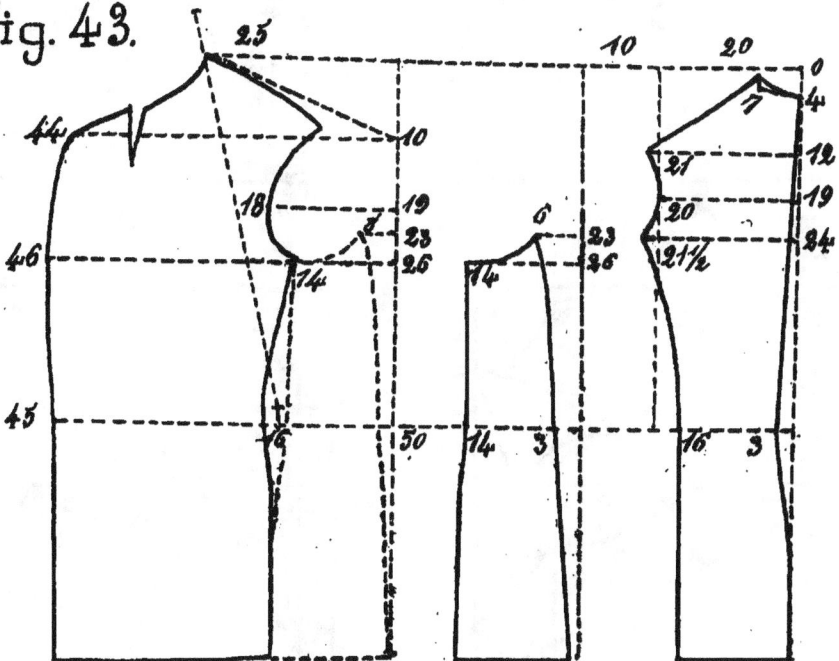

Fig. 43.

PL. XII.

Fig. 44.

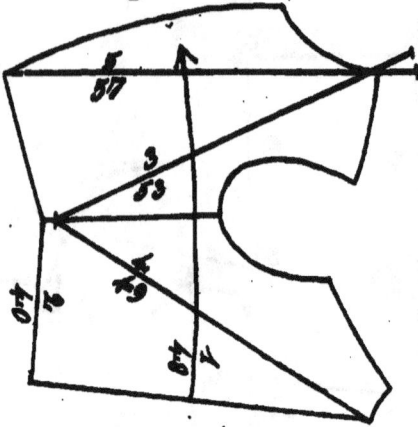

Fig. 45.

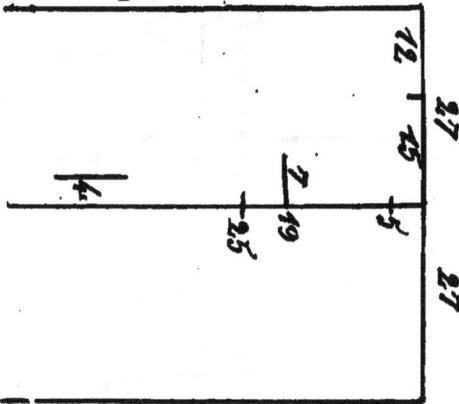

Fig. 46.

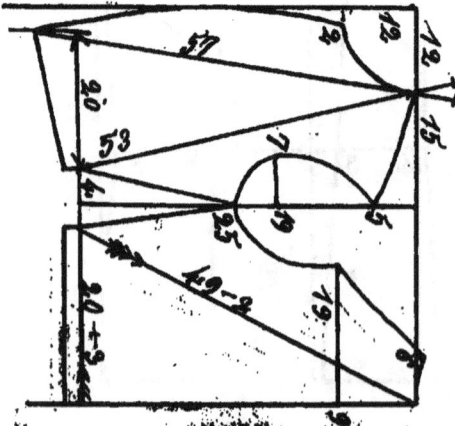

Fig. 47. Droit.

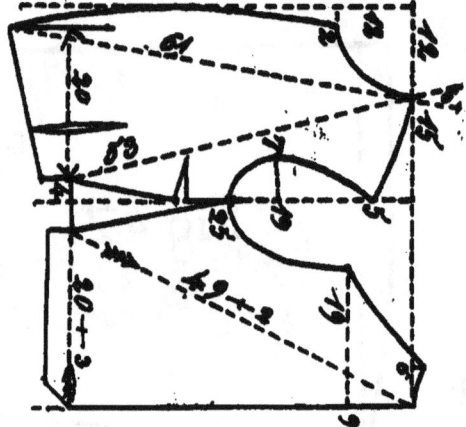

Fig. 48. Voûté.

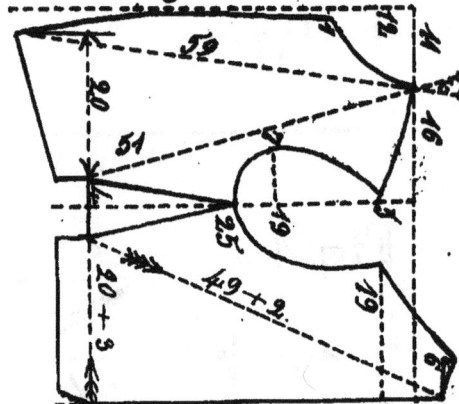

Fig. 49. Renversé.

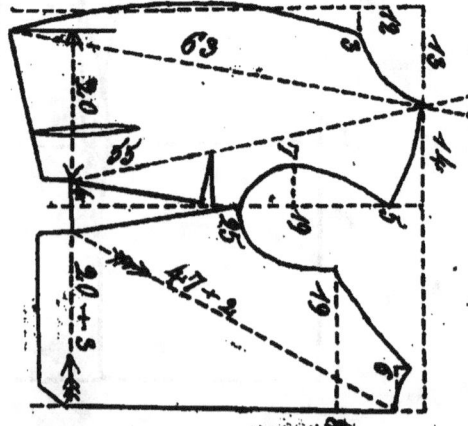

Fig. 52.

Fig. 50.

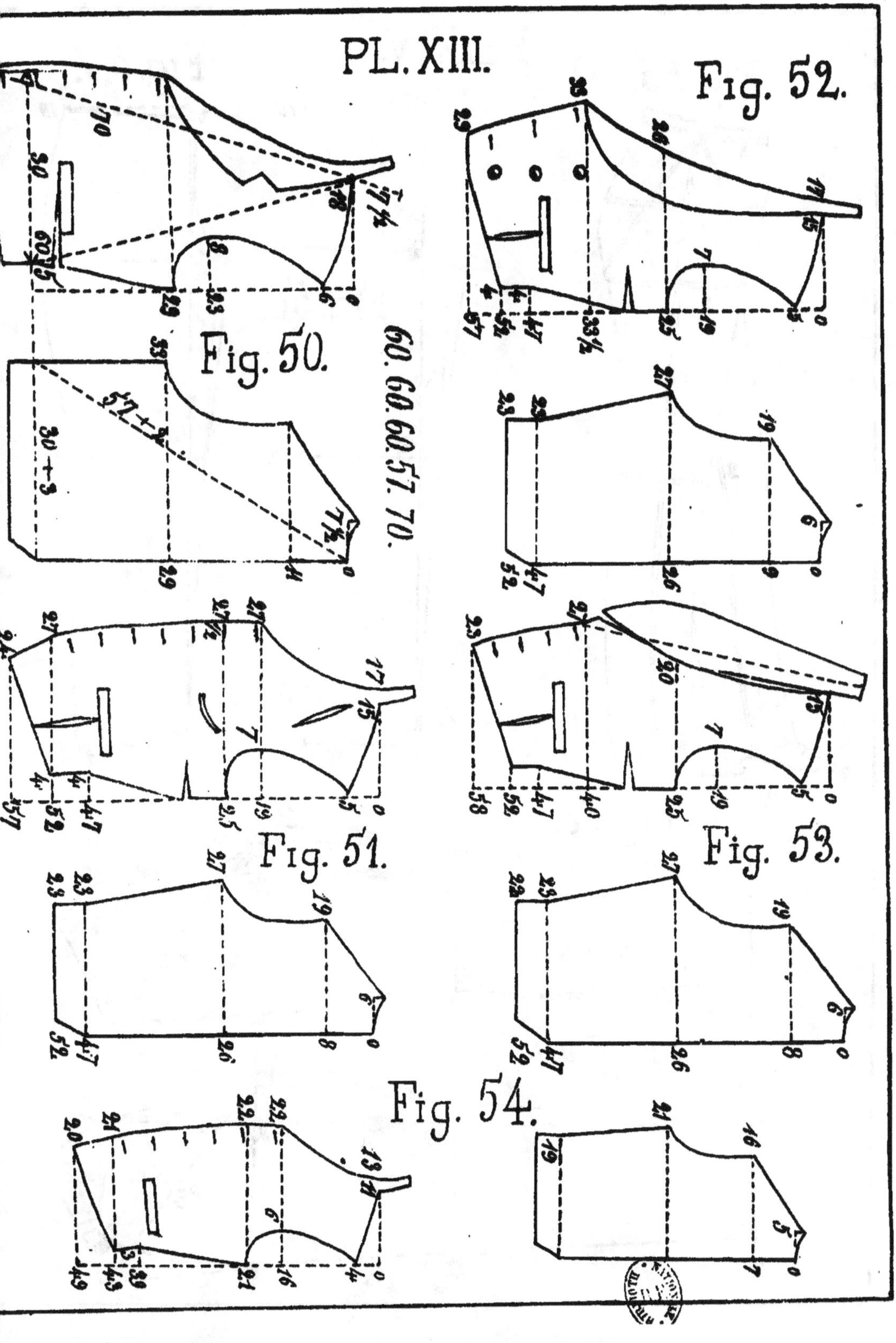

60. 60. 57. 70.

Fig. 51.

Fig. 53.

Fig. 54.

Fig. 55.

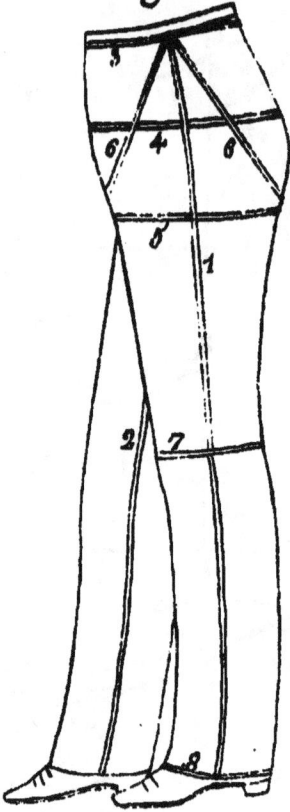

Fig. 57.

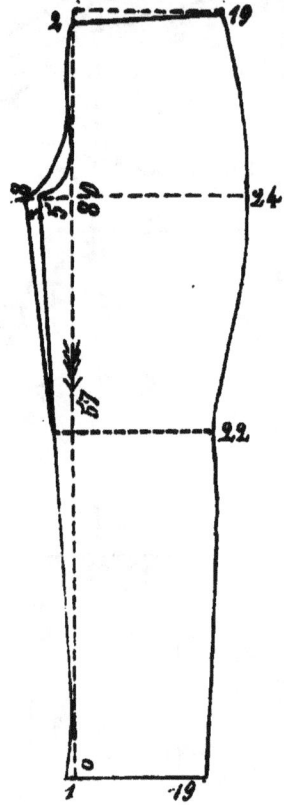

Fig. 56.

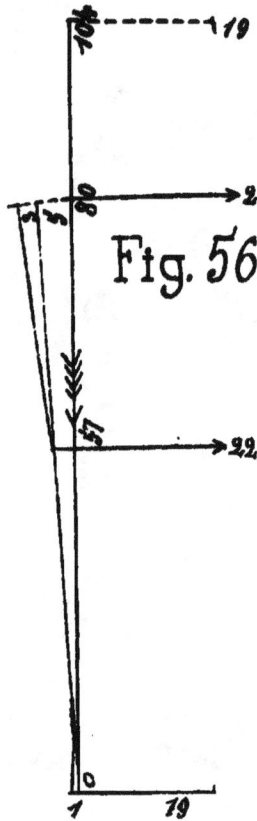

Fig. 58.

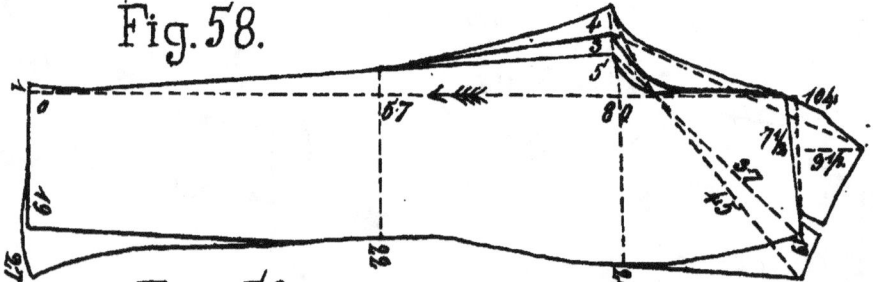

Fig. 59.

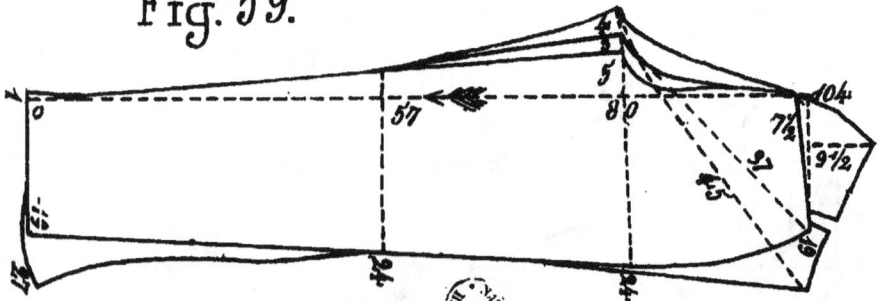

PL. XV.

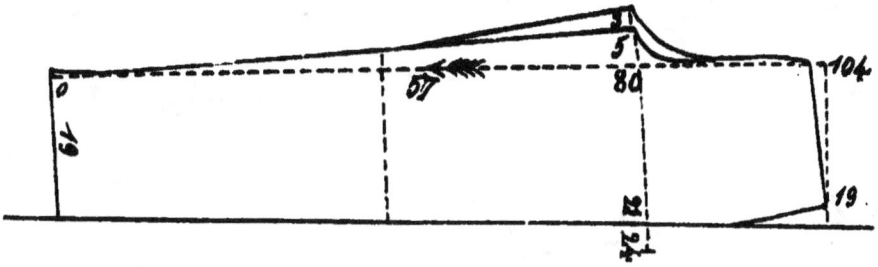

Fig. 60.

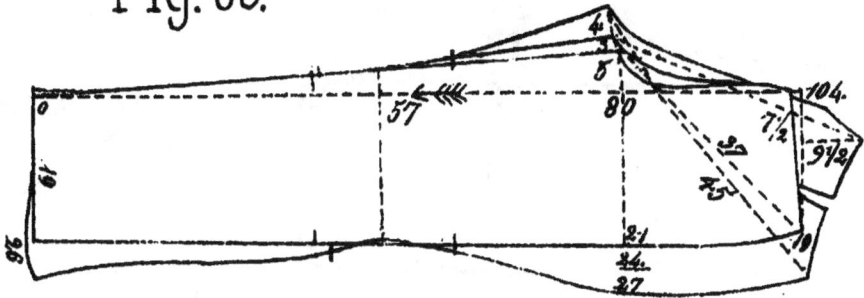

Fig. 61.

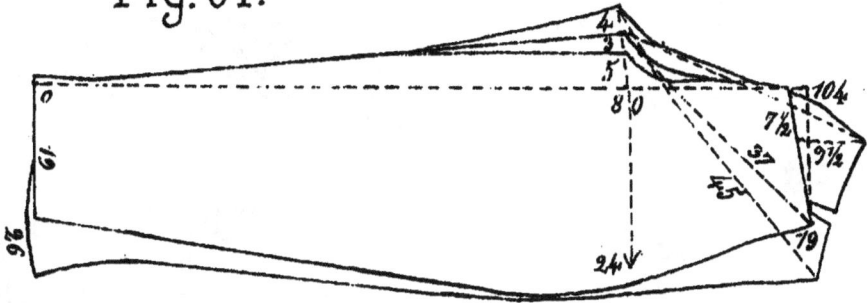

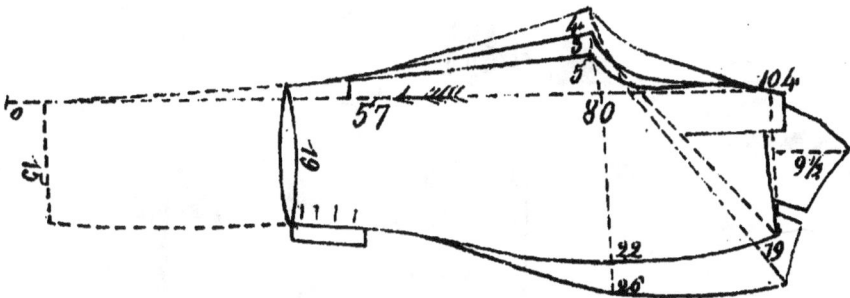

PL.XVI.

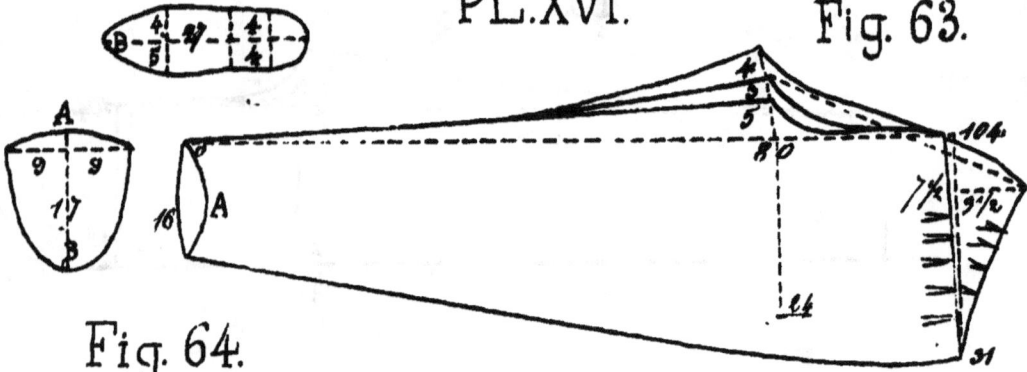

Fig. 63.

Fig. 64.

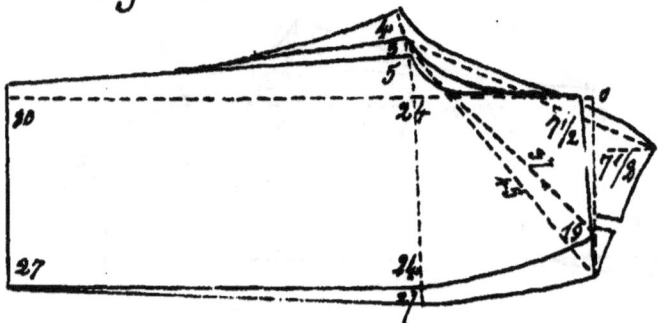

Fig. 65.

62,110,80,56,60,40,109.

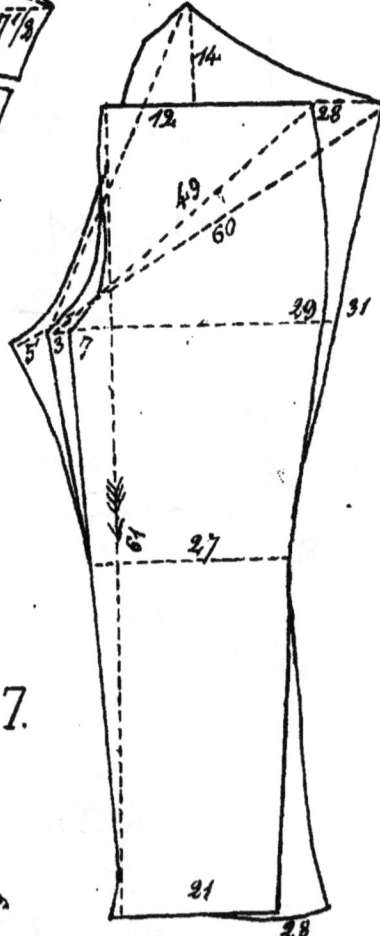

Fig. 66.

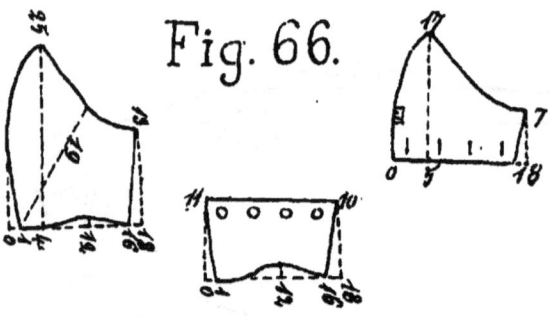

Fig. 67.

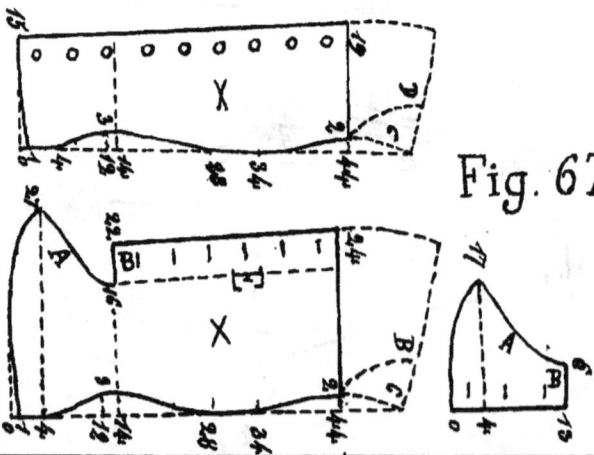

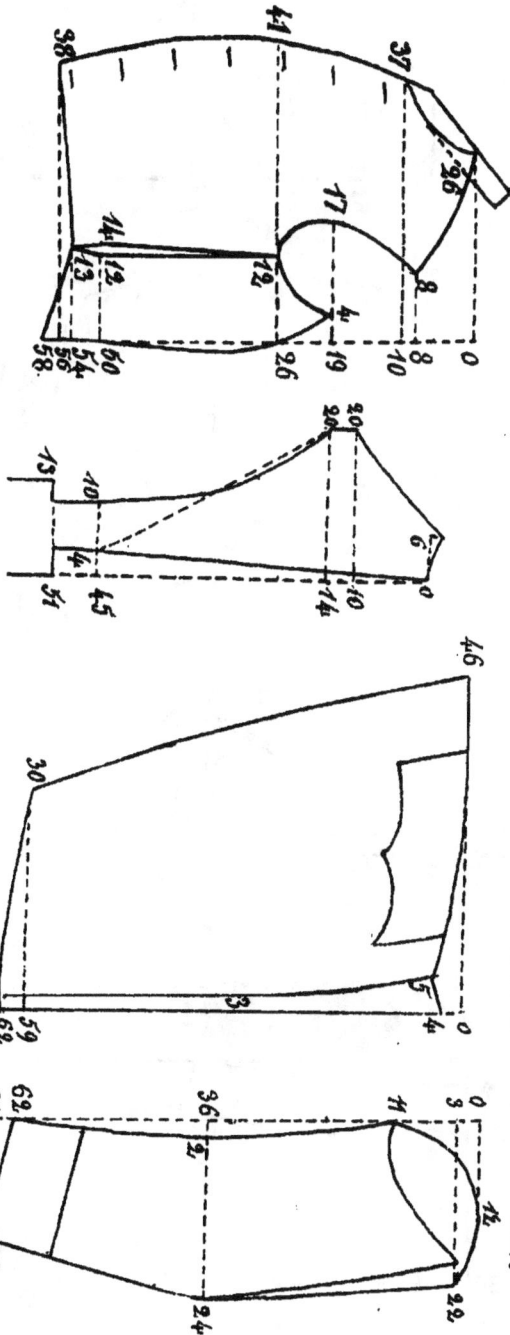

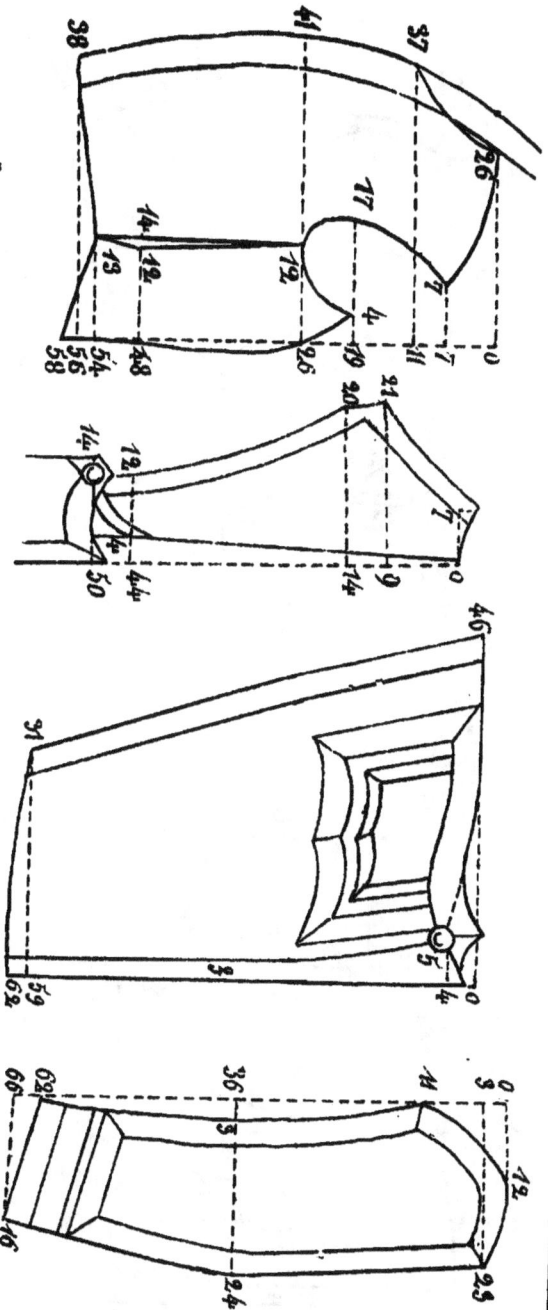

Fig. 68.

Fig. 69.

PL. XVIII.

Fig. 70.

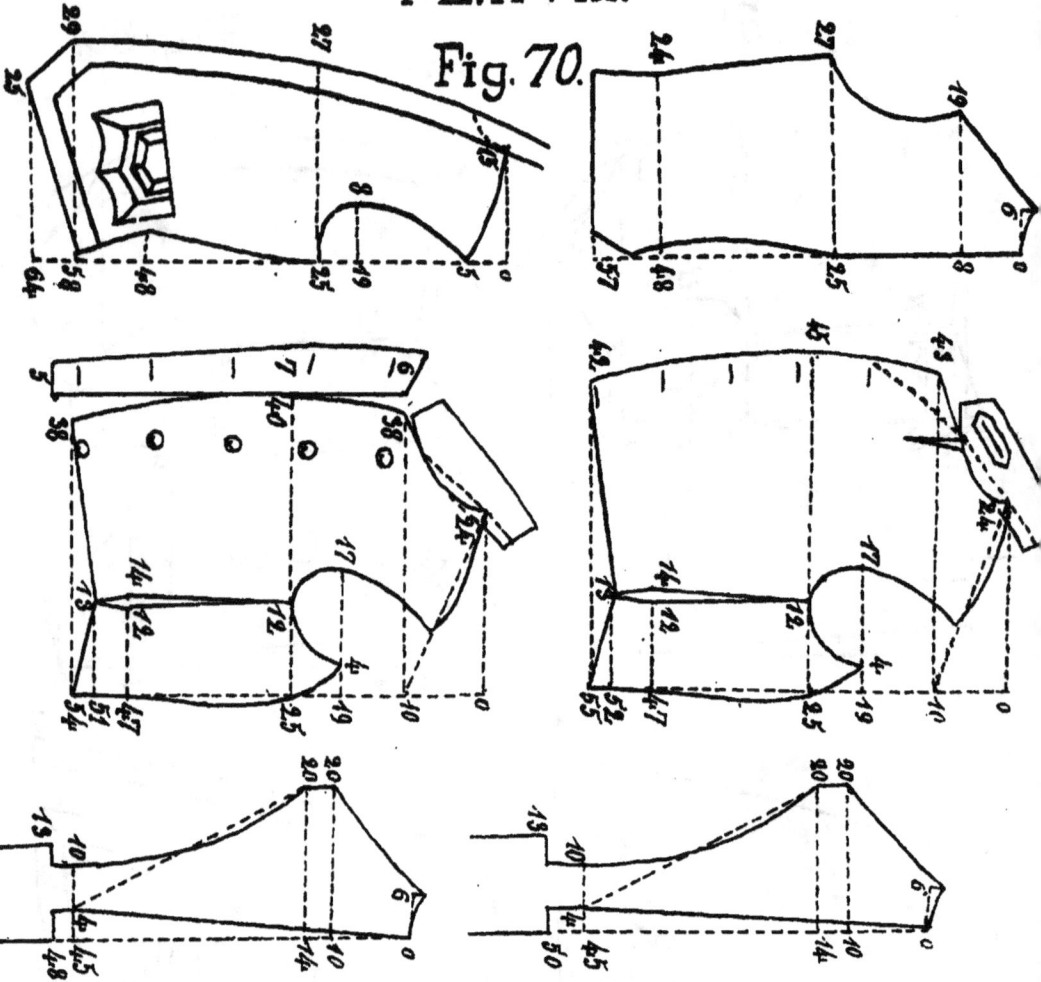

Fig. 71.

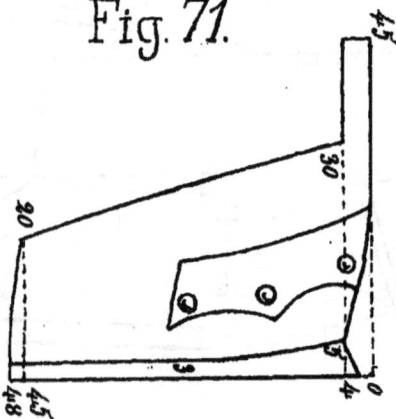

Fig. 72.

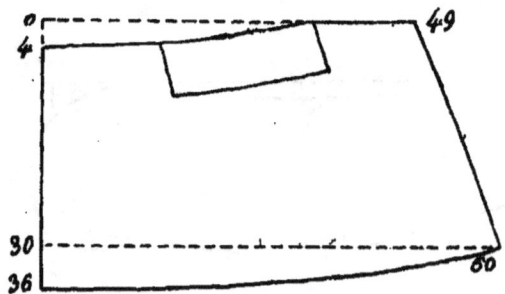

PL. XIX.

Fig. 73.

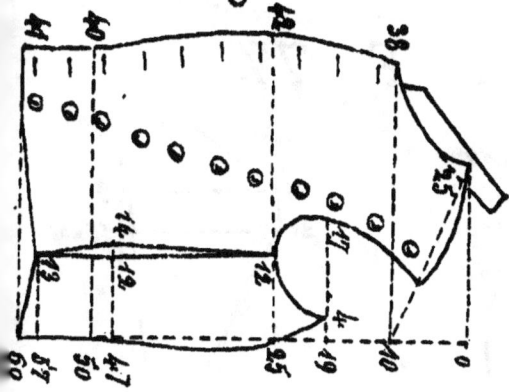

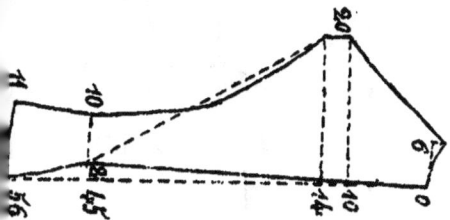

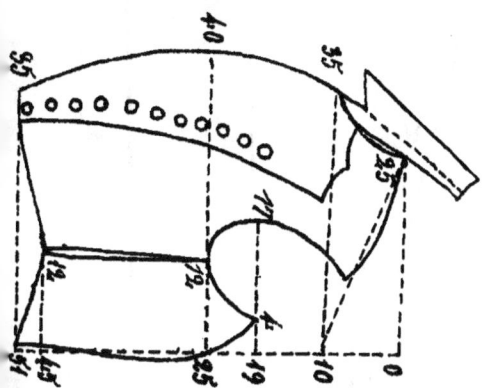

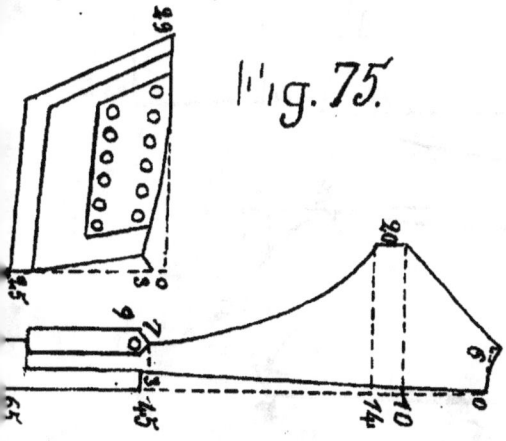

Fig. 75.

Fig. 74.

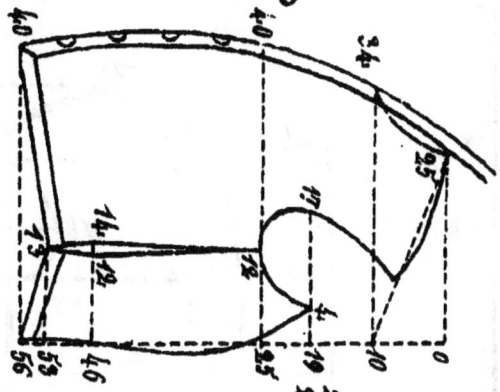

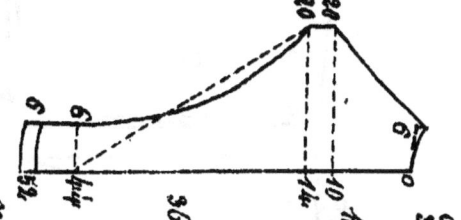

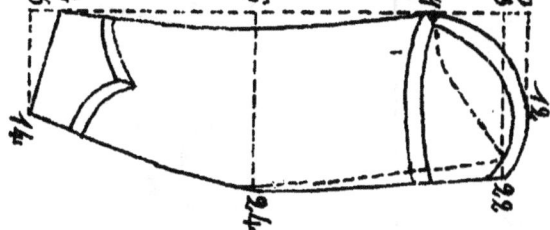

Fig. 76.

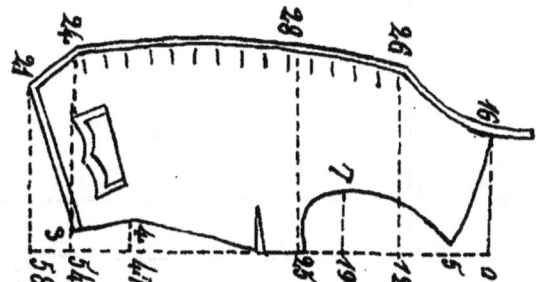

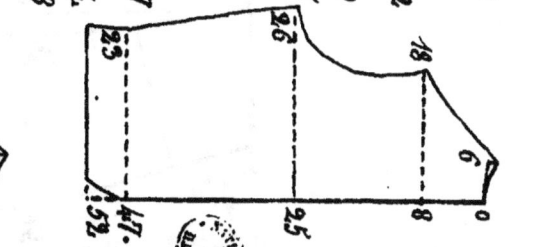

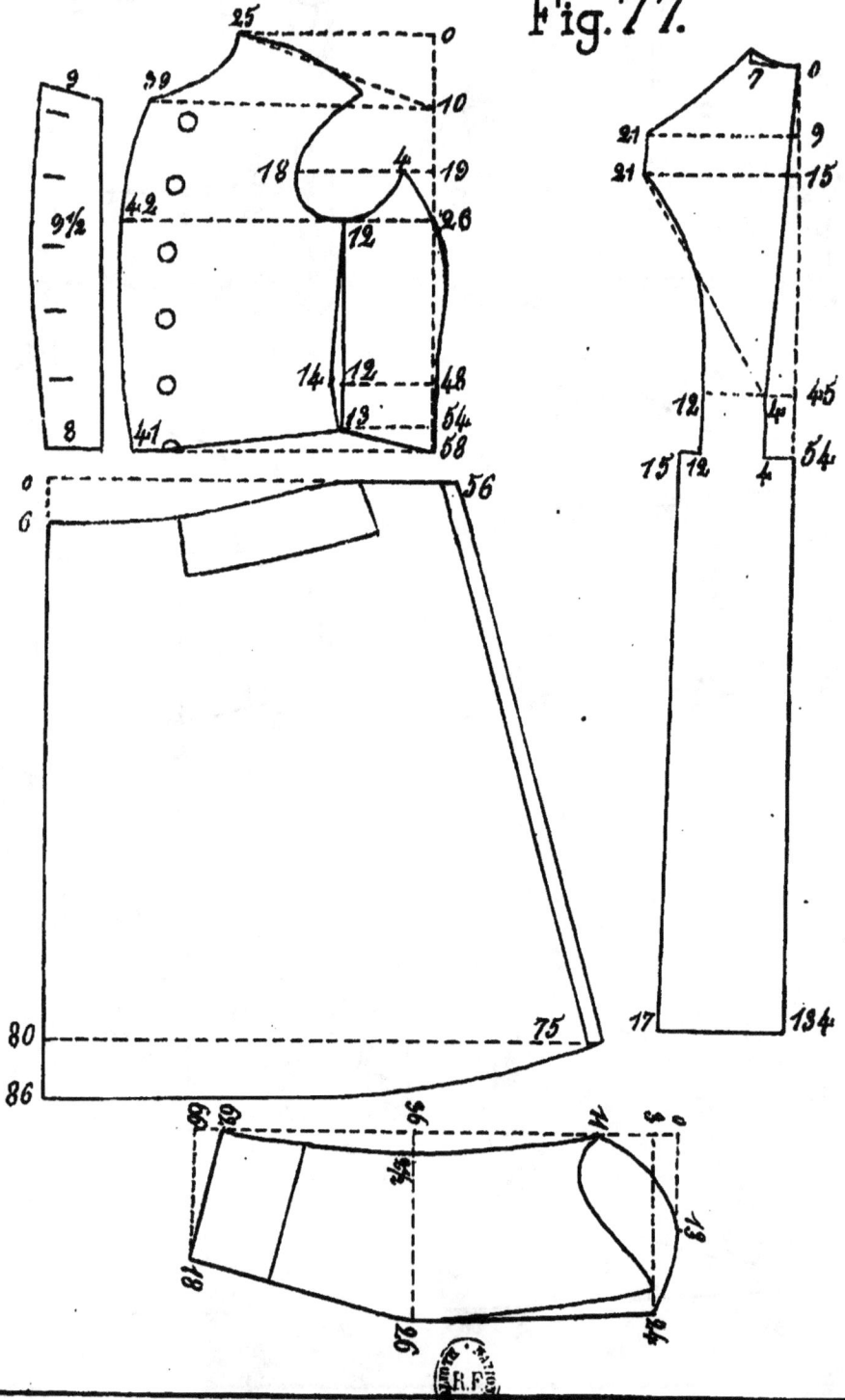

Fig. 77.

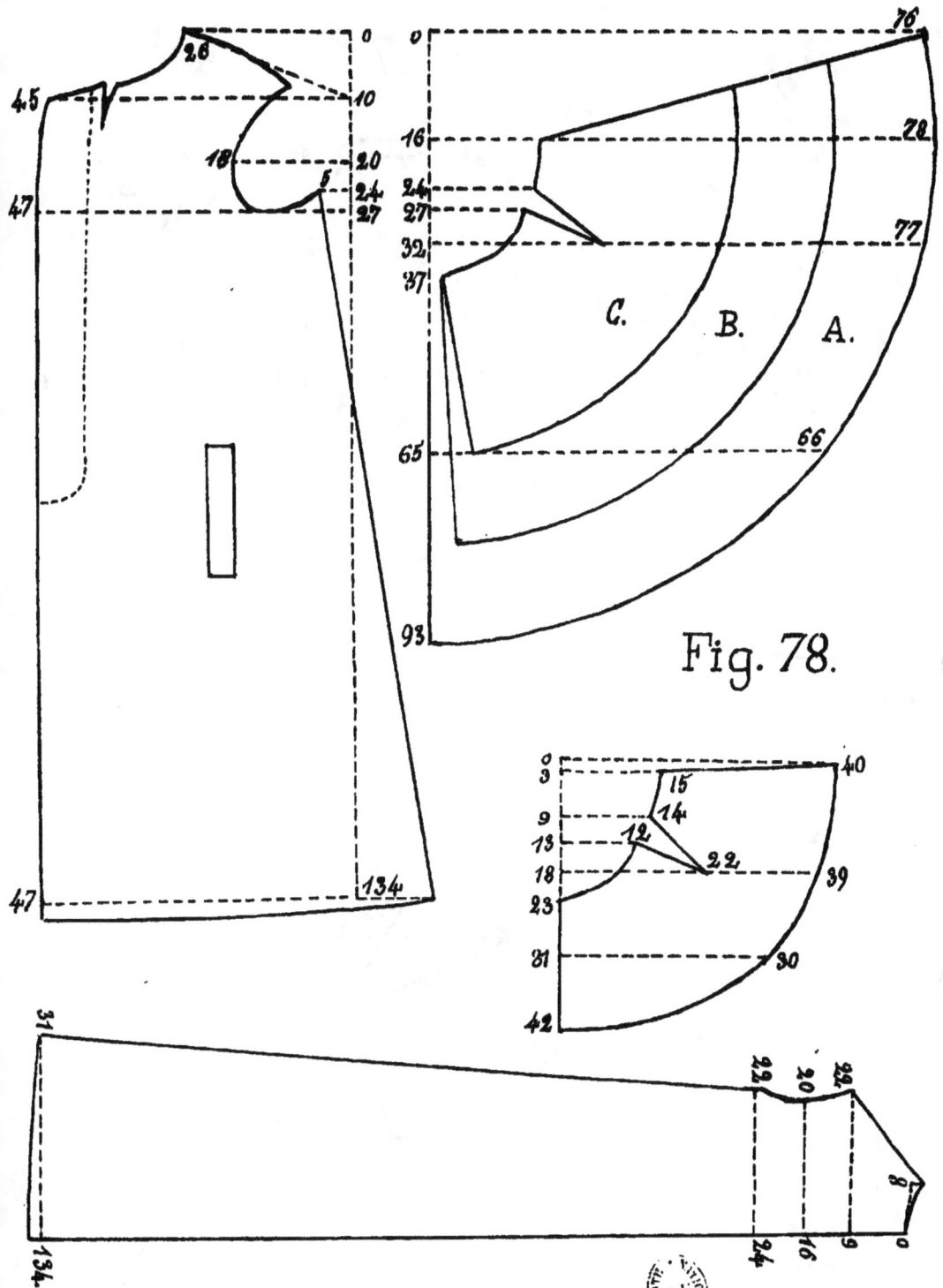

PL.XXI.

Fig. 78.

C.   B.   A.

PL.XXII.

Fig. 79.

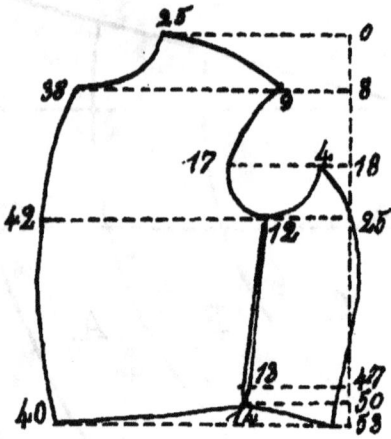
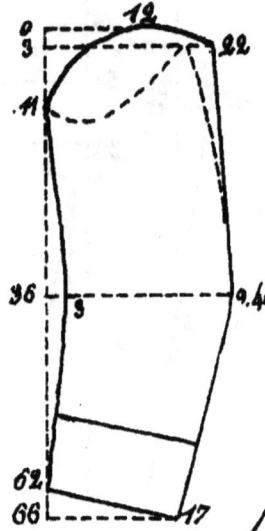
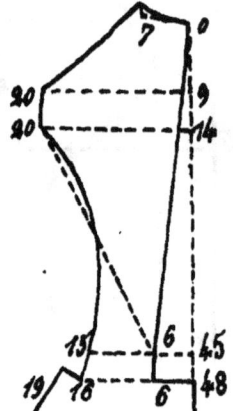
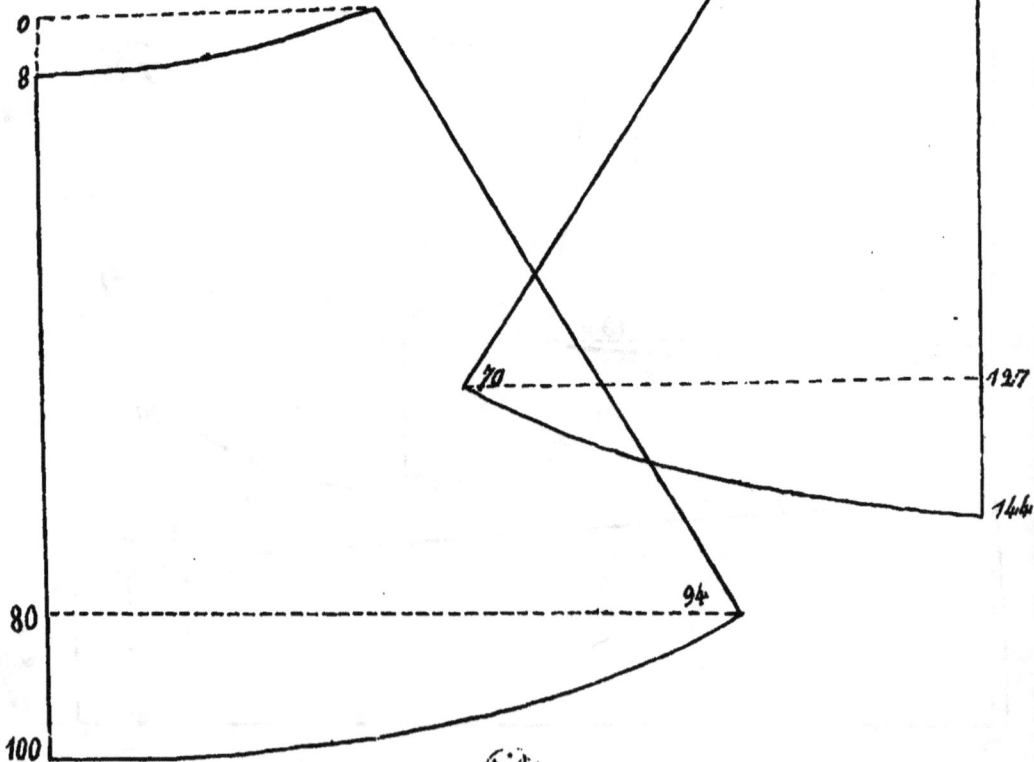

PL.XXIII.

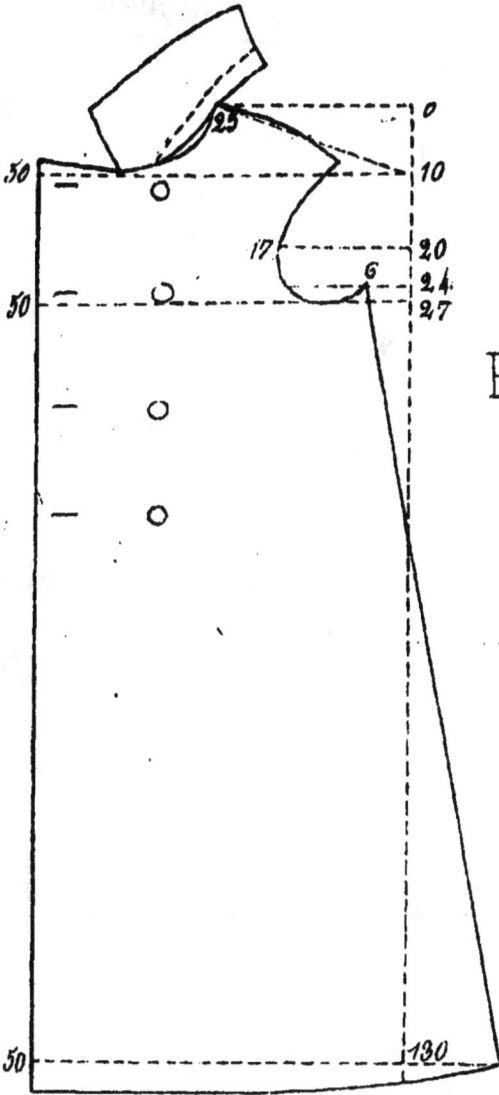

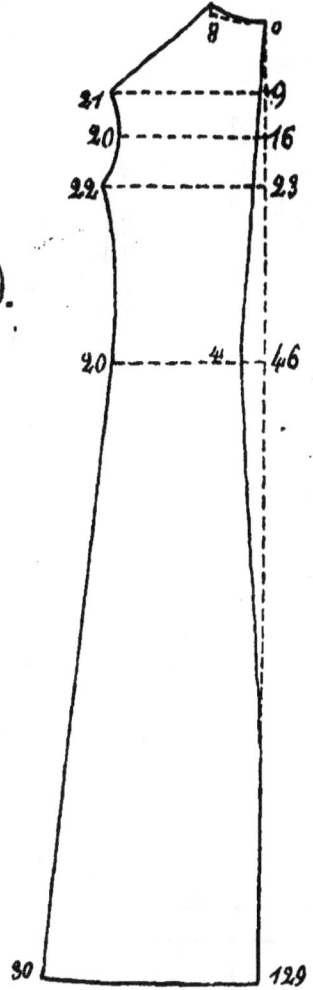

Fig. 80.

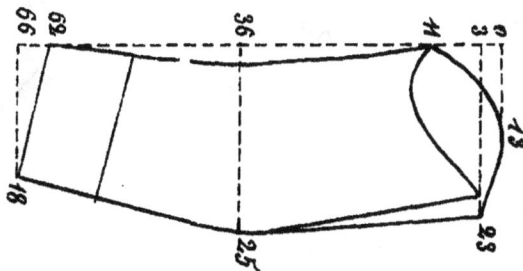

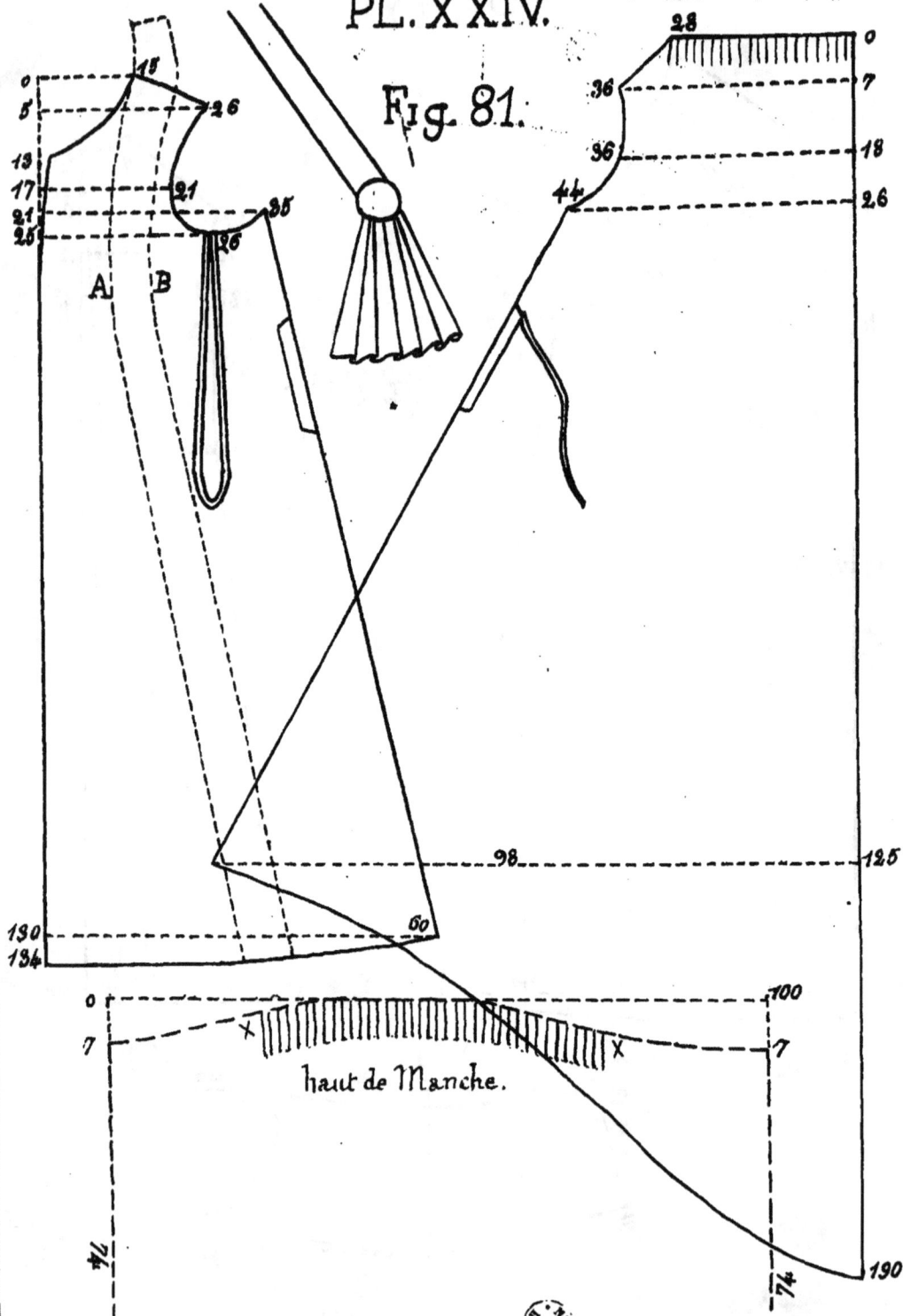

PL. XXIV.

Fig. 81.

haut de Manche.

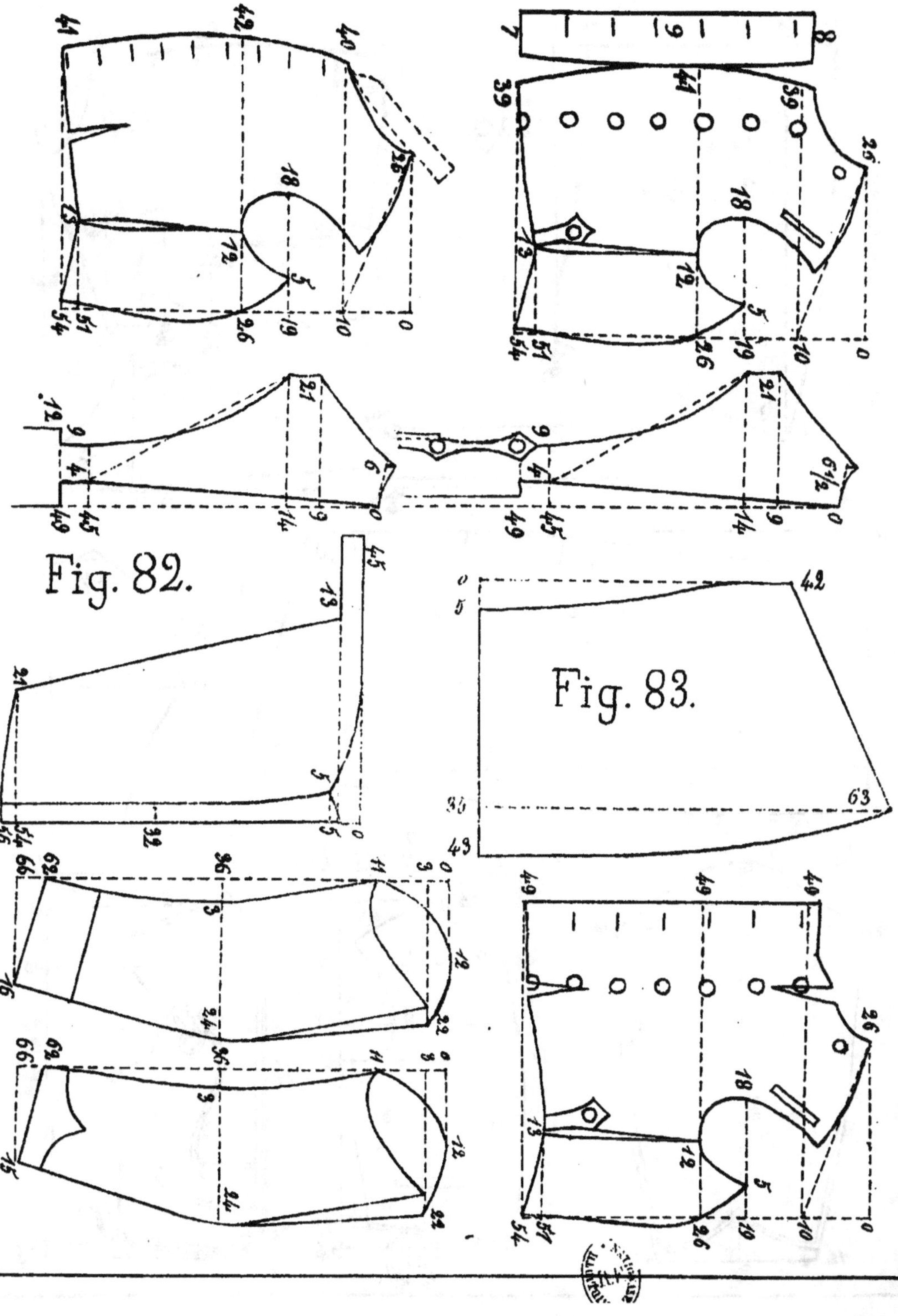

Fig. 82.

Fig. 83.

PL. XXVI.

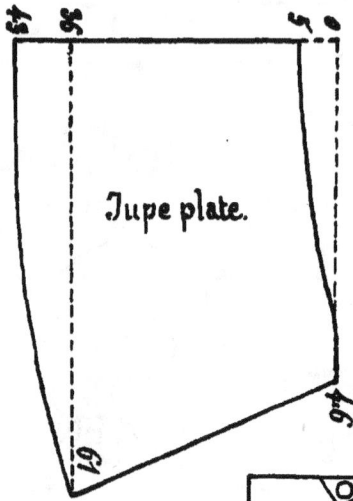

Jupe plate.

Fig. 84.

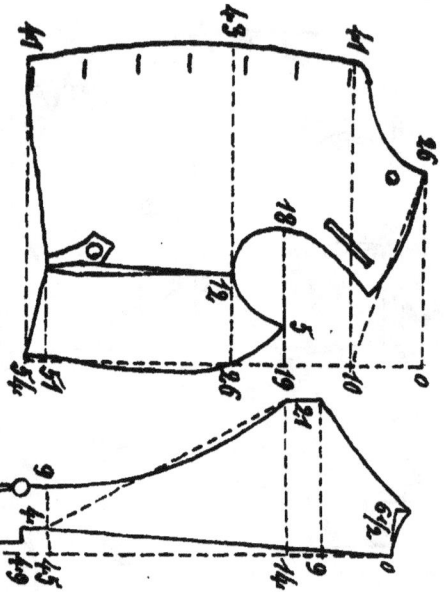

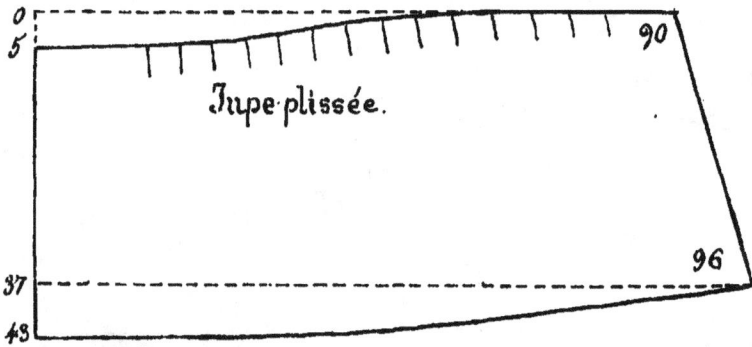

Jupe plissée.

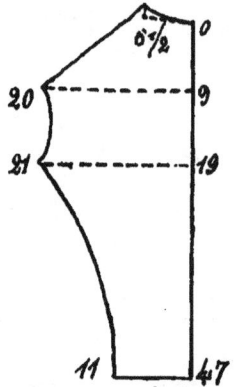

Fig. 85.

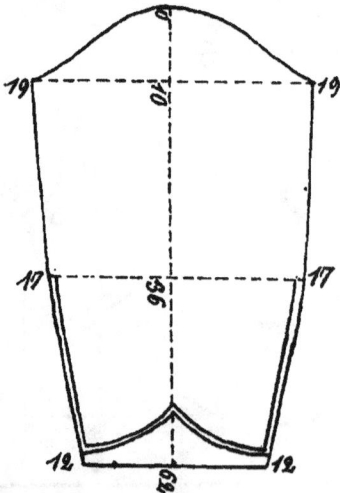

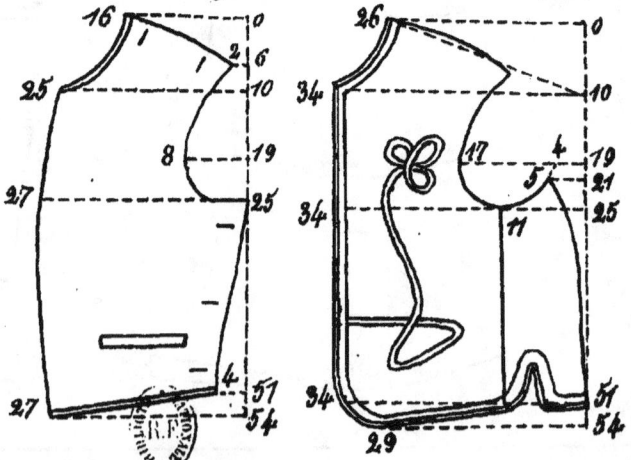

PL. XXVII.

Fig. 86.

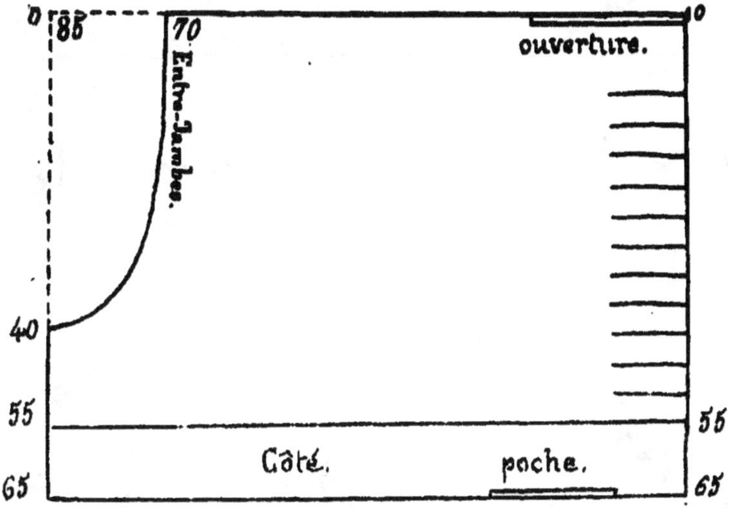

0 | 85   70   0

ouverture.

Entre-Jambes.

40

55   55

Côté.   poche.

65   65

Fig. 87.

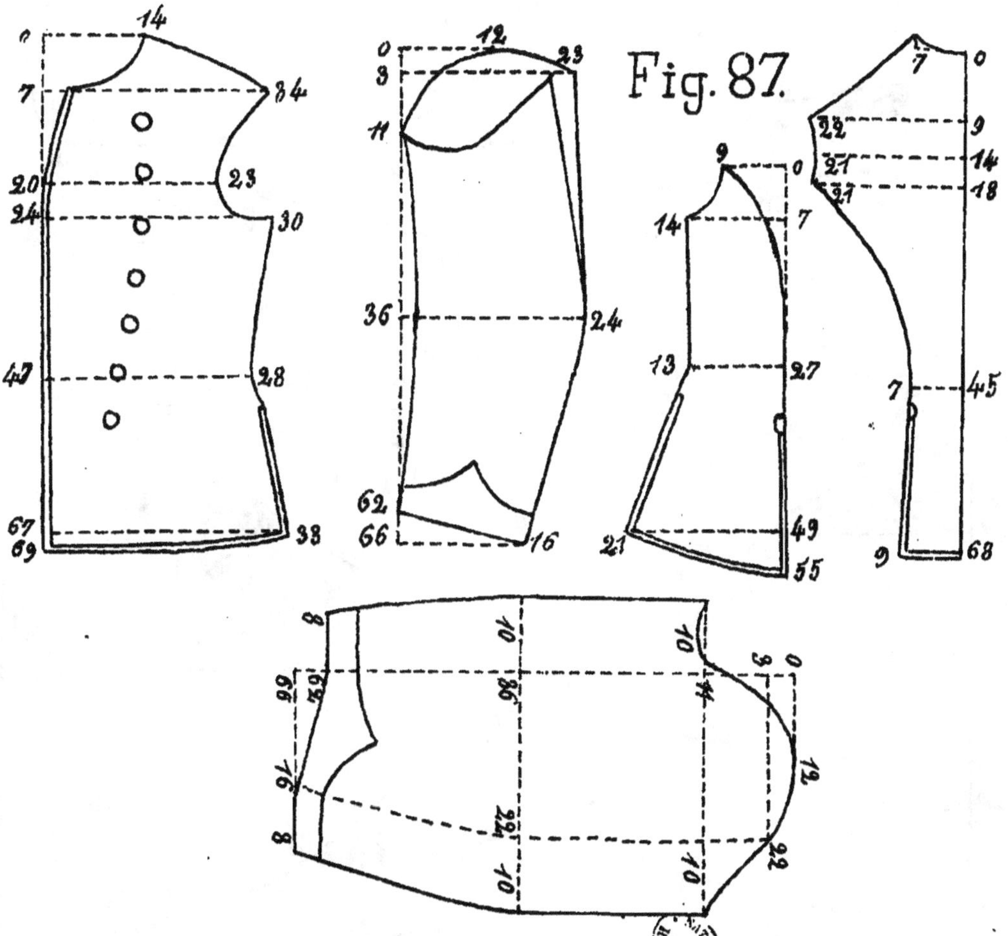

PL. XXVIII.

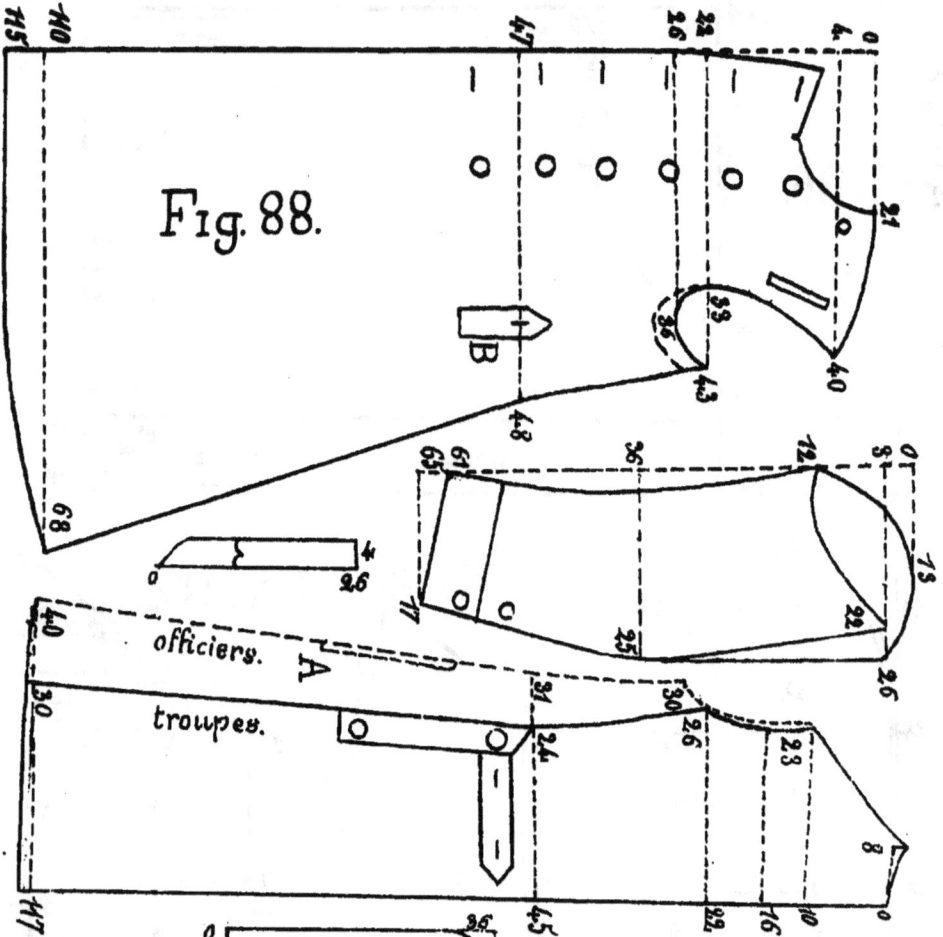

Fig. 88.

officiers.

troupes.

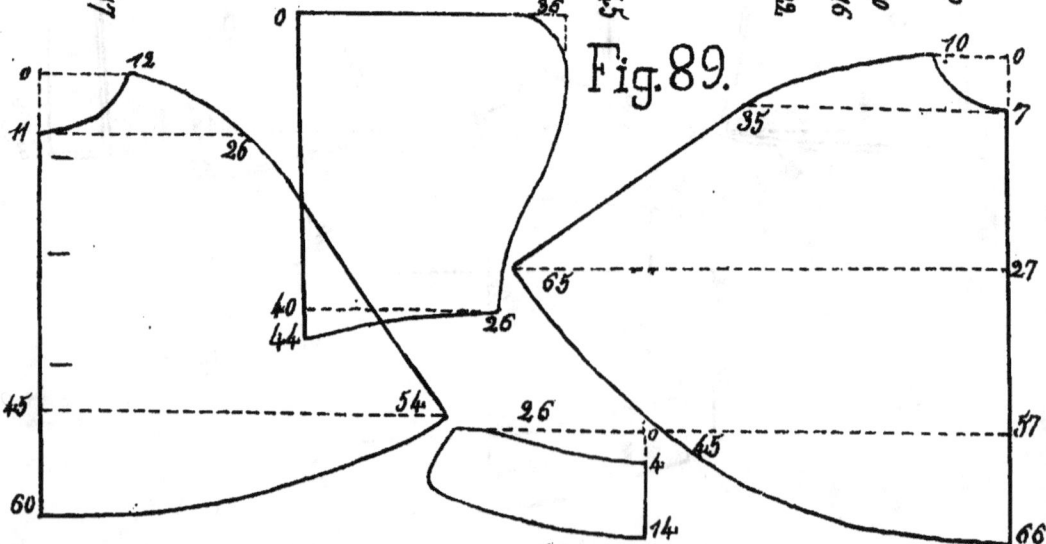

Fig. 89.

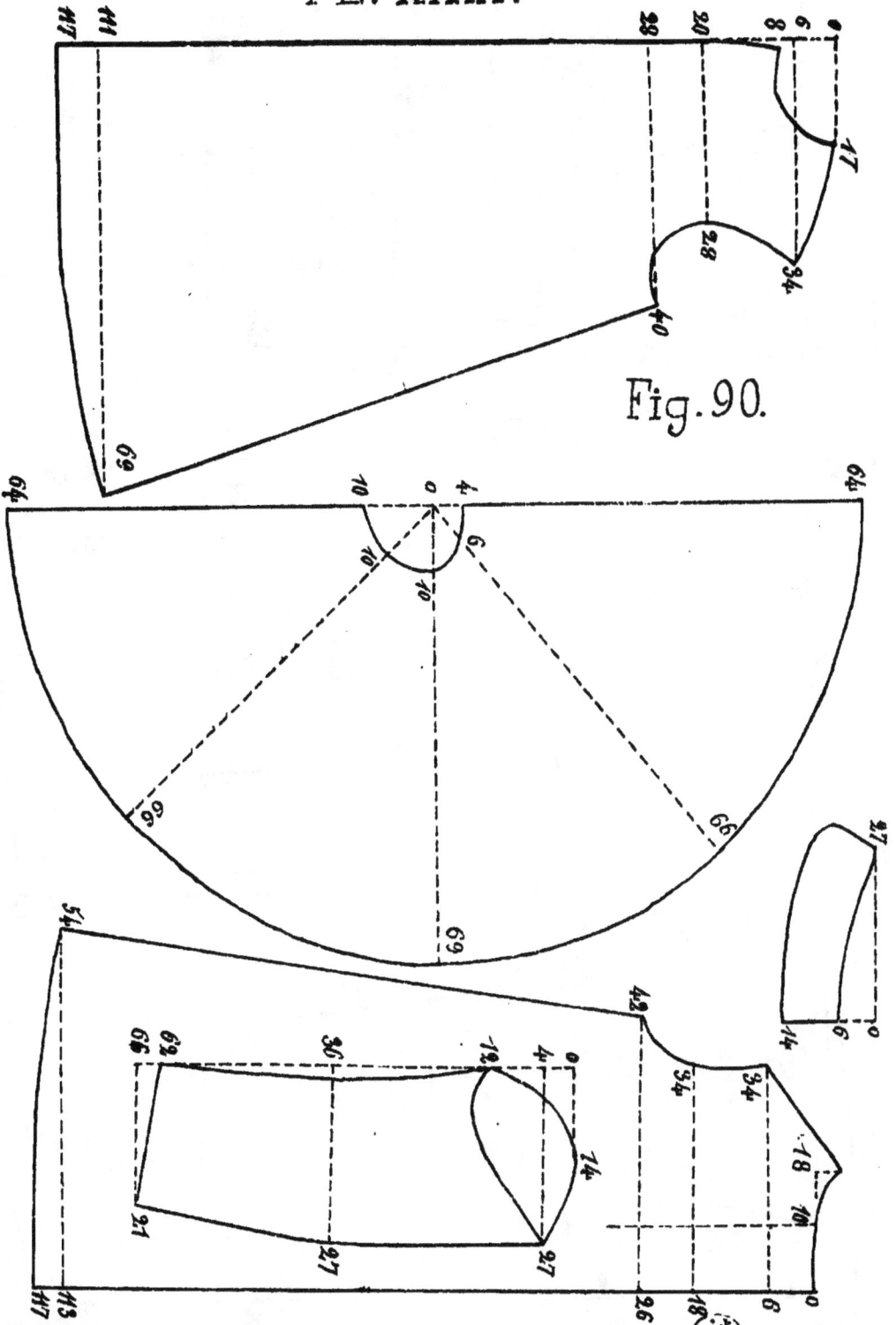

PL. XXIX.

Fig. 90.

PL.XXX.

Fig. 91.

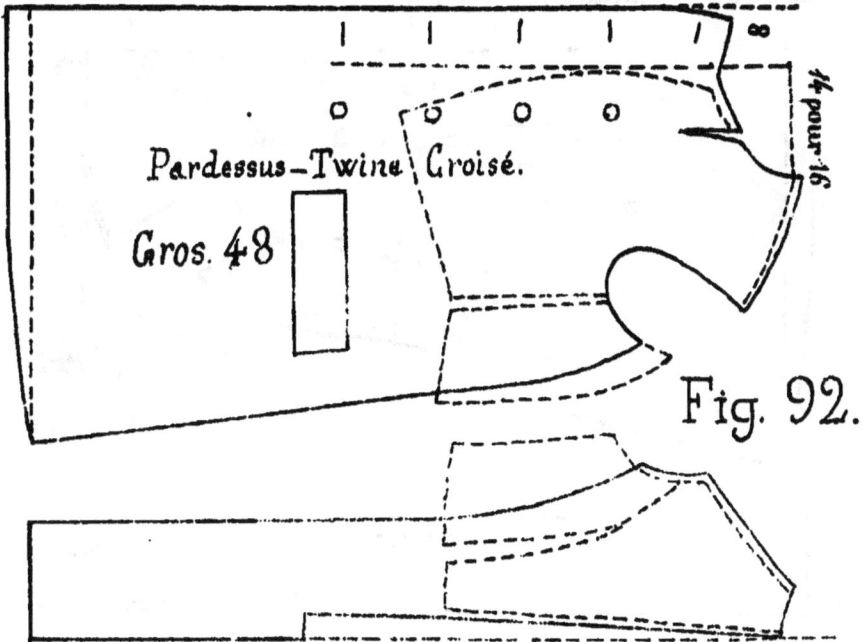

Pardessus–Twine Croisé.

Gros. 48

Fig. 92.

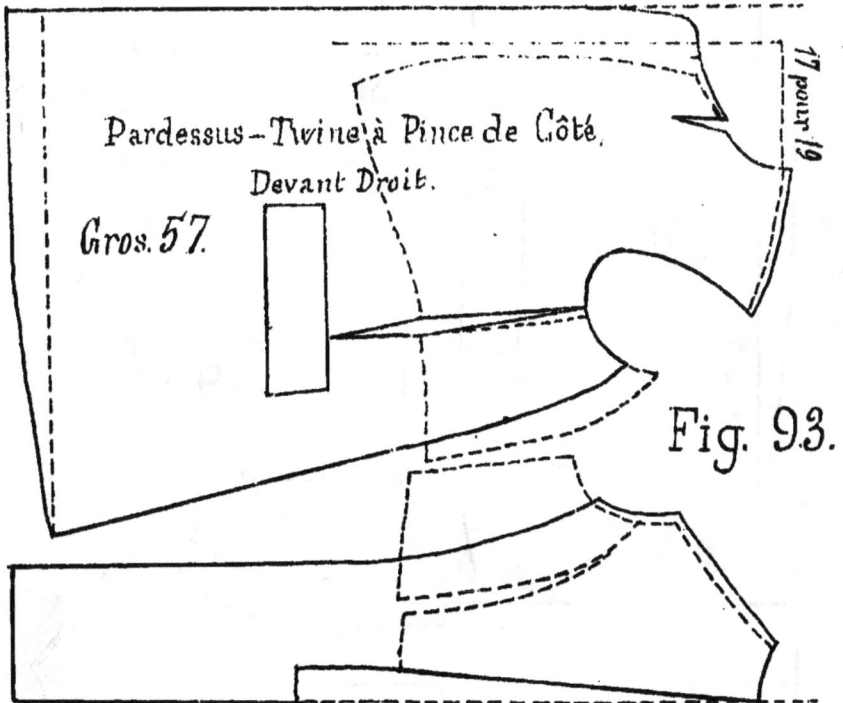

Pardessus–Twine à Pince de Côté.
Devant Droit.

Gros. 57.

Fig. 93.

PL. XXXII.

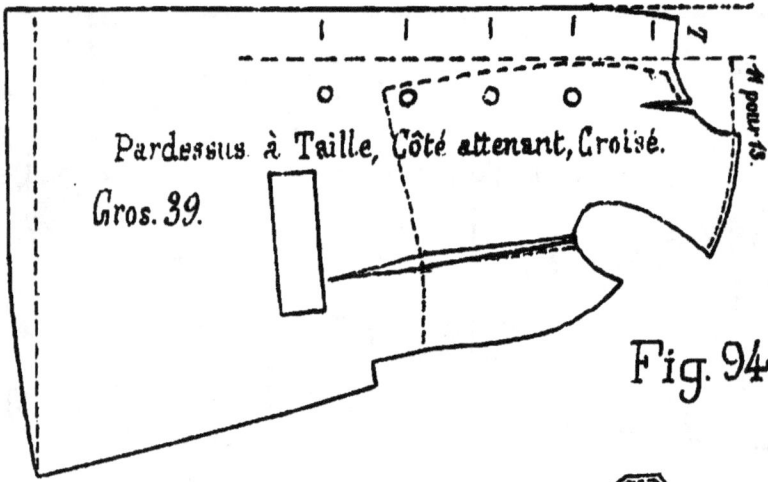

Pardessus à Taille, Côté attenant, Croisé.

Gros. 39.

Fig. 94.

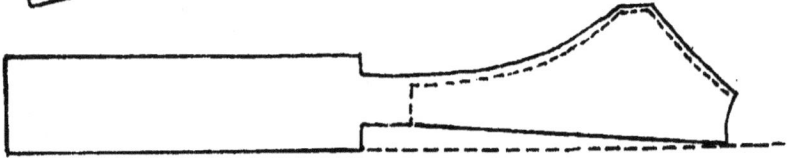

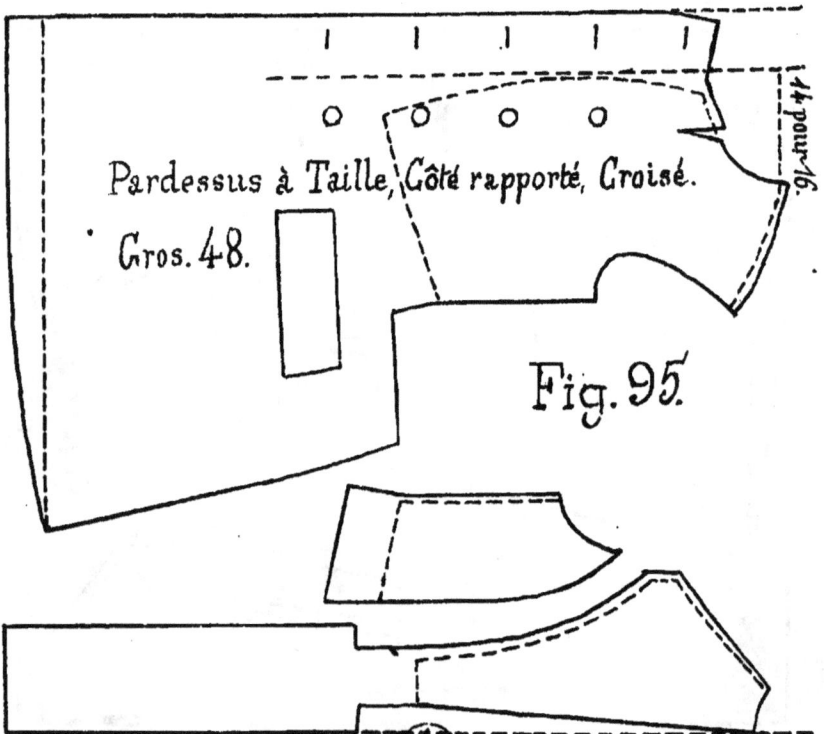

Pardessus à Taille, Côté rapporté, Croisé.

Gros. 48.

Fig. 95.

PL.XXXIII.

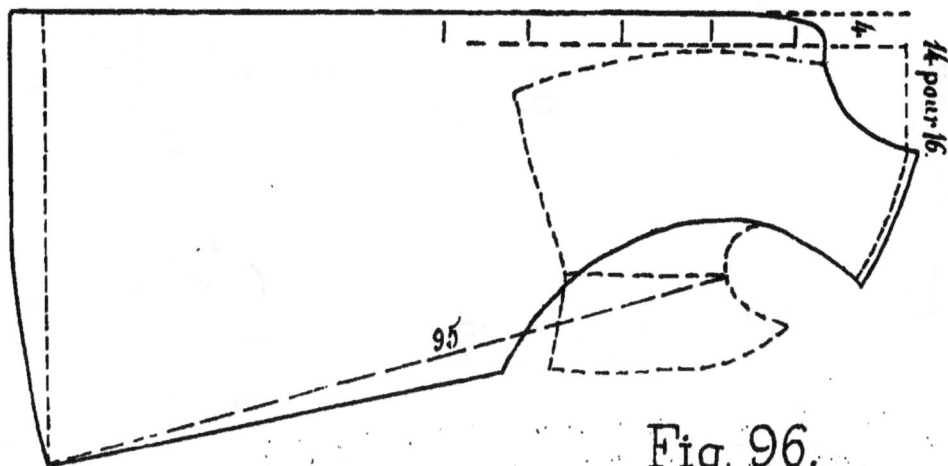

95

14
14 pour 16.

Fig. 96.

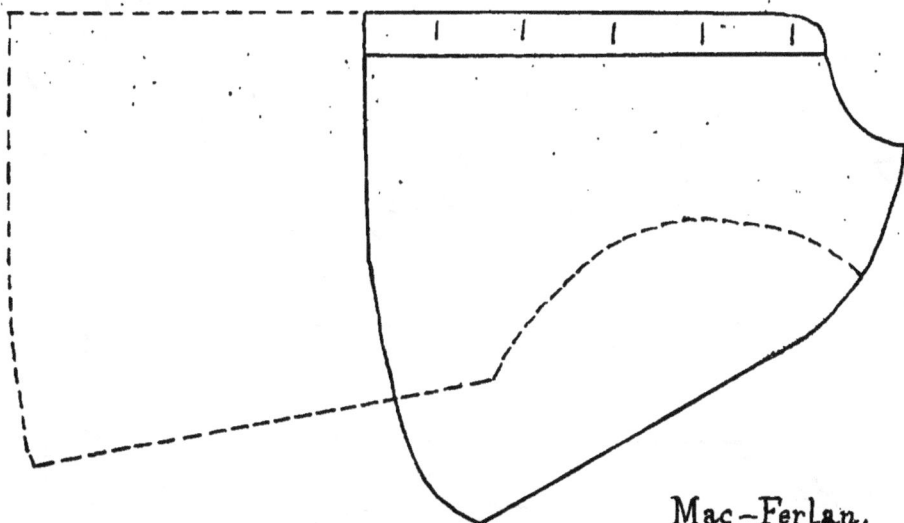

Mac–Ferlan.

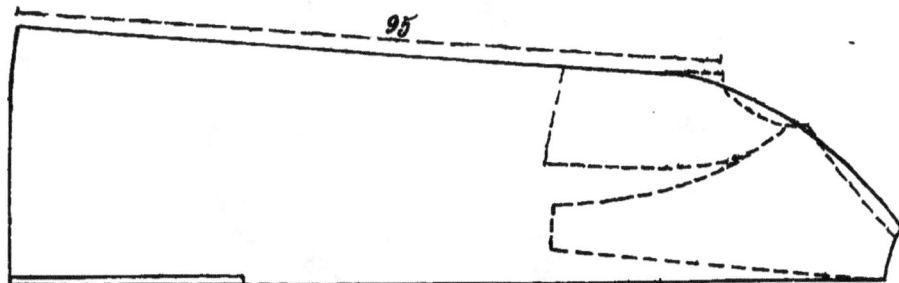

95

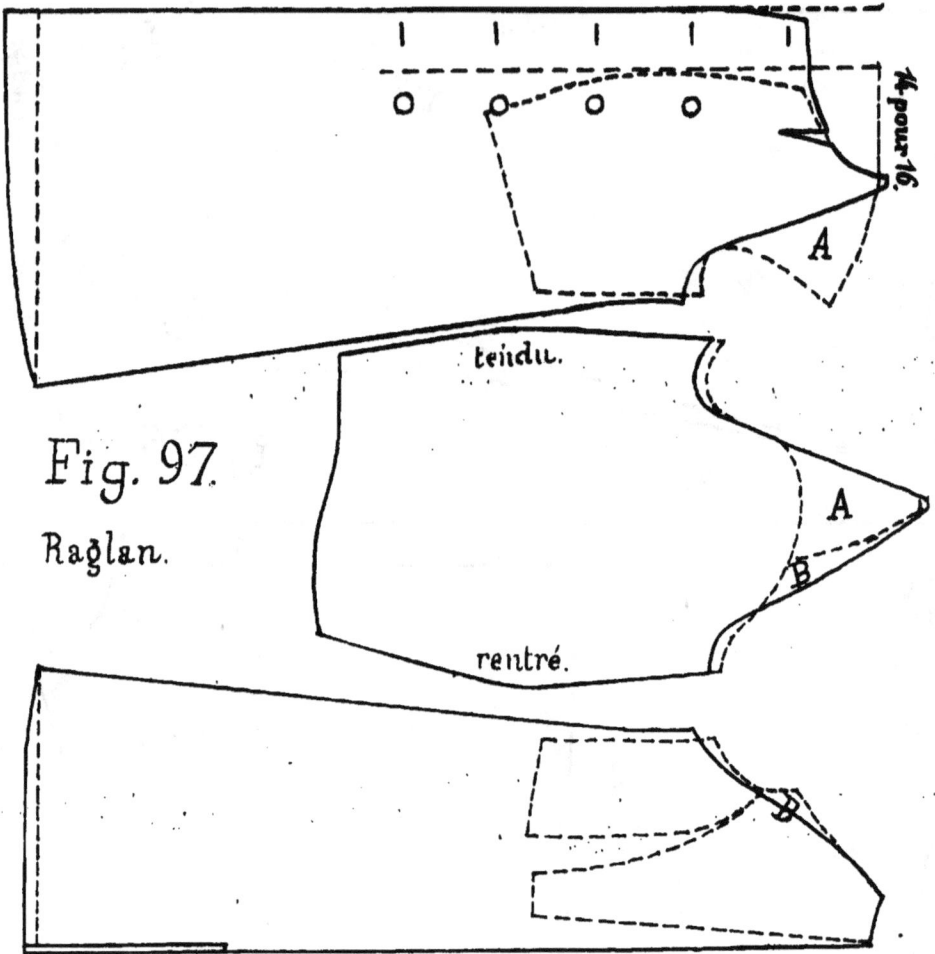

Fig. 97.

Raglan.

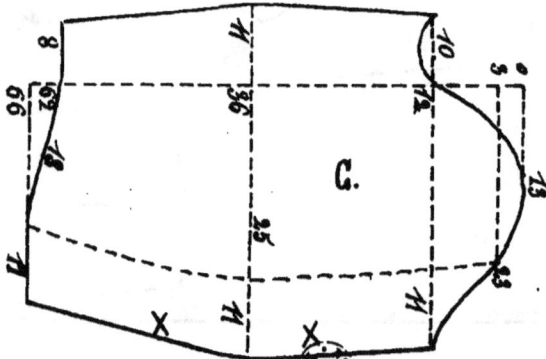

Pelerines.

PL. XXXV.

Fig. 98.

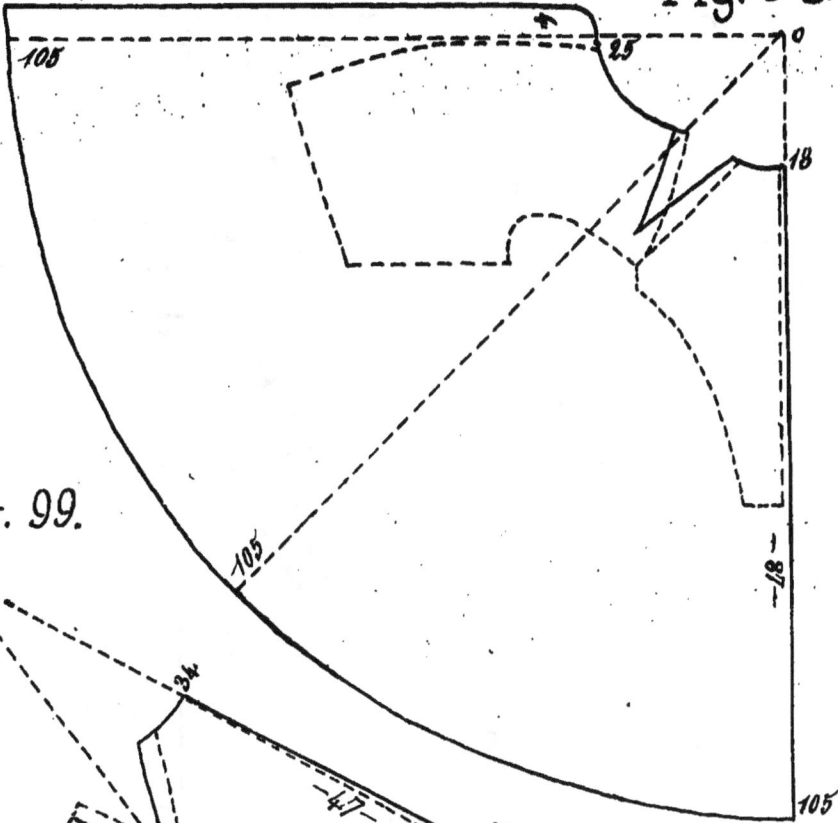

Fig. 99.

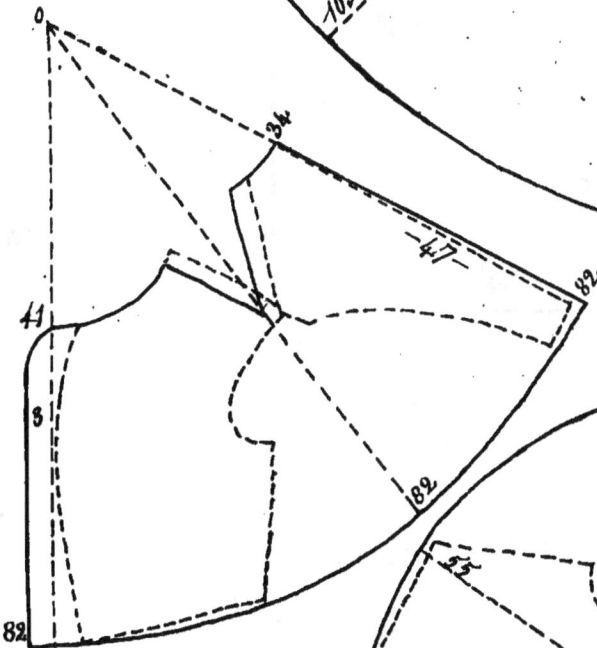

Fig. 100.

PL.XXXVI.

Fig. 101.

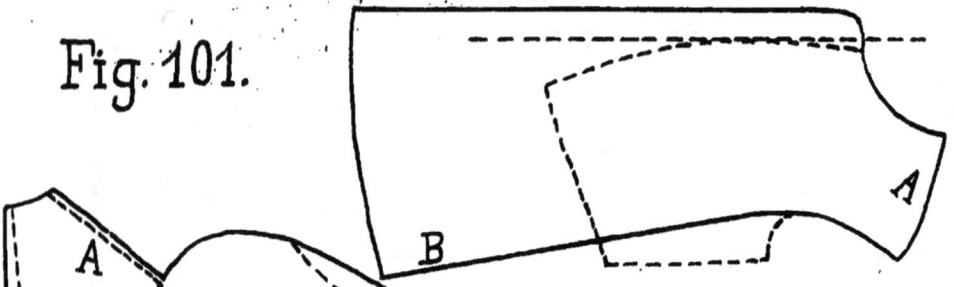

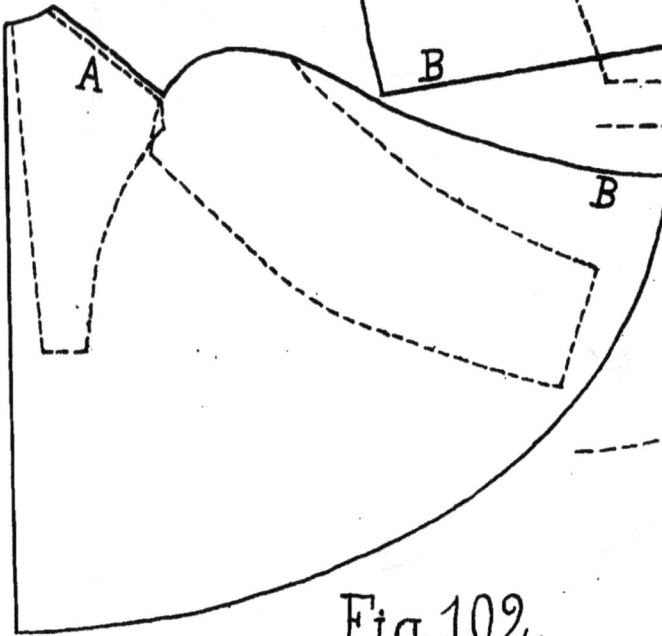

Fig. 103.

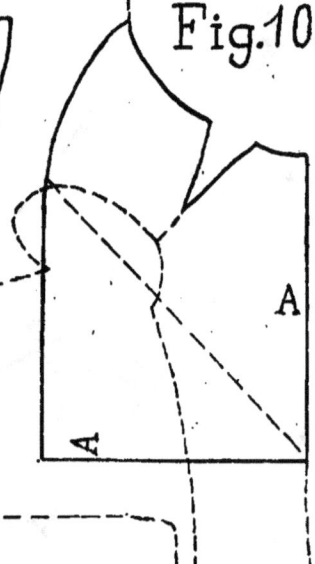

Fig. 102.

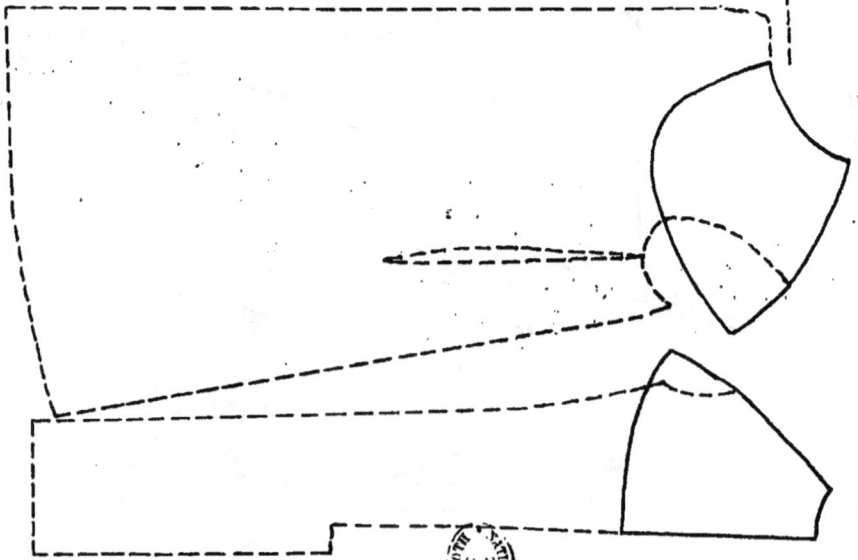

PL. XXXVII.

Fig. 104.

Des Vêtements de Dames.

Amazone.

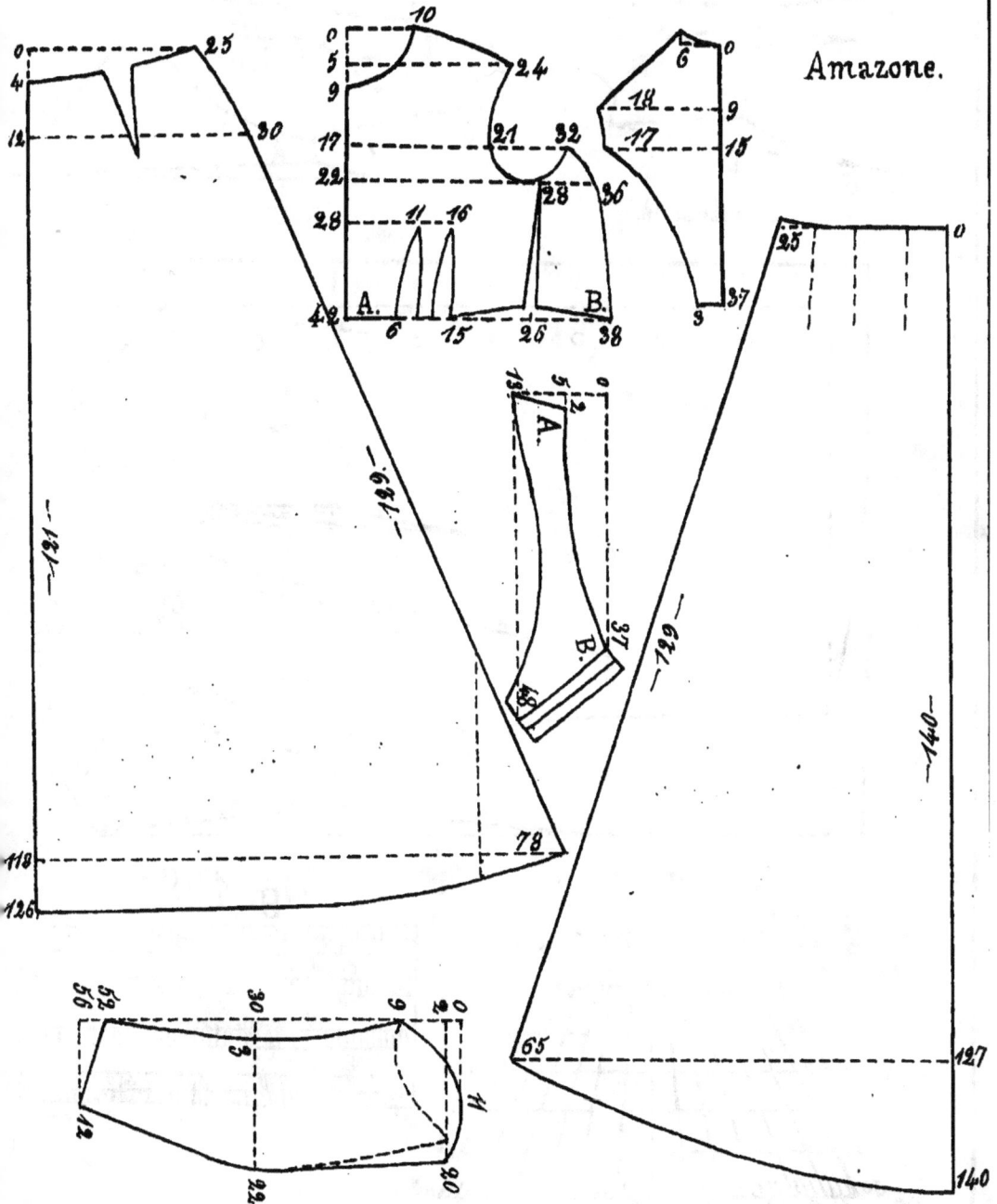

PL. XXXVIII.

Basquine.

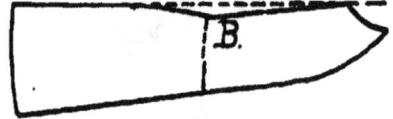

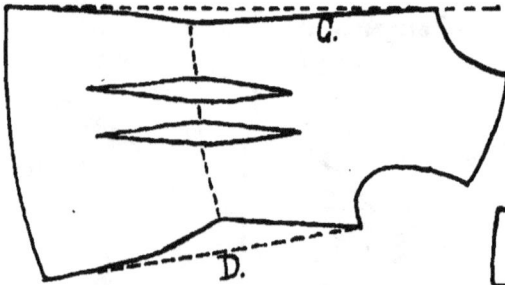

Fig. 105.

Pardessus.

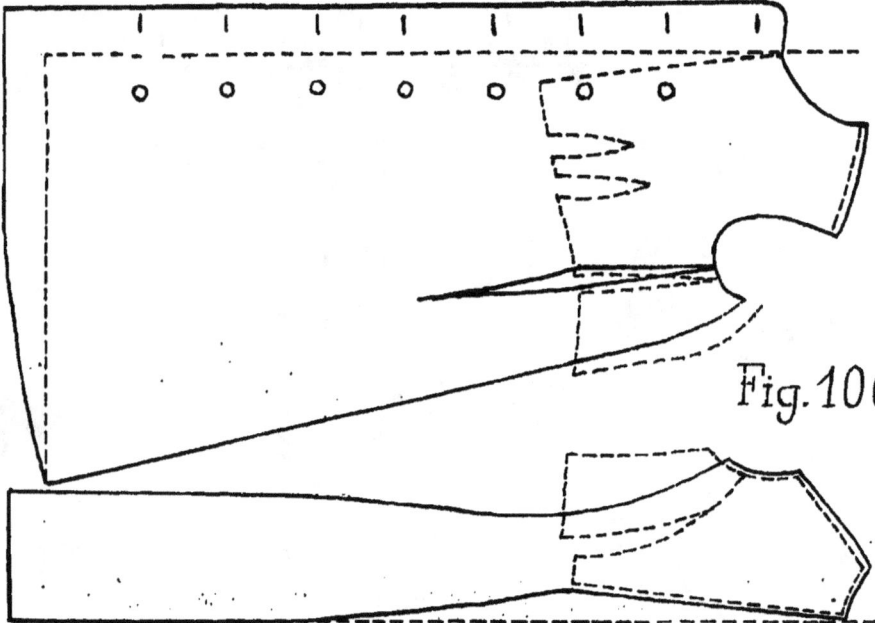

Fig. 106.

Fig. 107.
Echelle des Proportions.

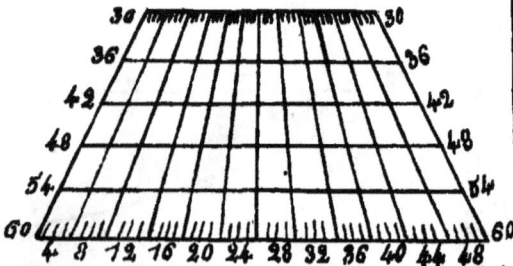

Fig. 108.

PL. XXXIX.

Apprêt, Essayage,
Retouches.

Fig. 109.

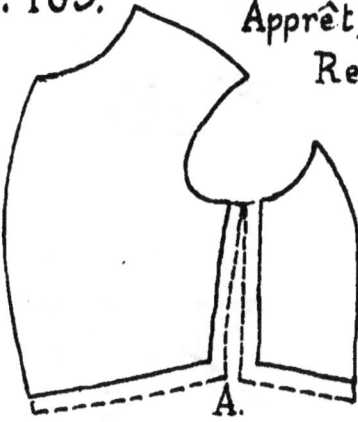

A.

Fig. 110.

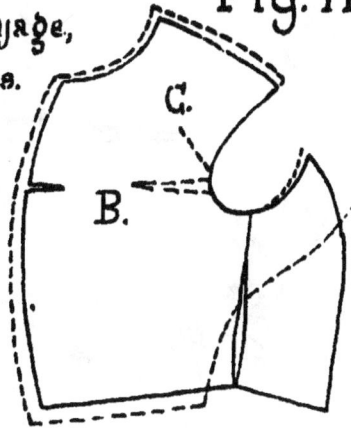

C.

B.

Fig. 111.

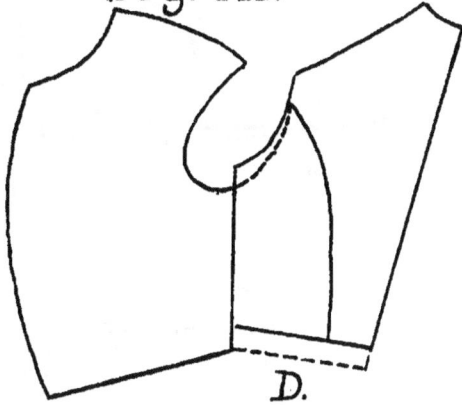

D.

Fig. 112.

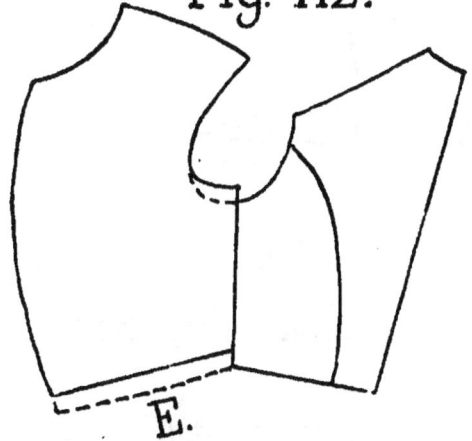

E.

Fig. 113.

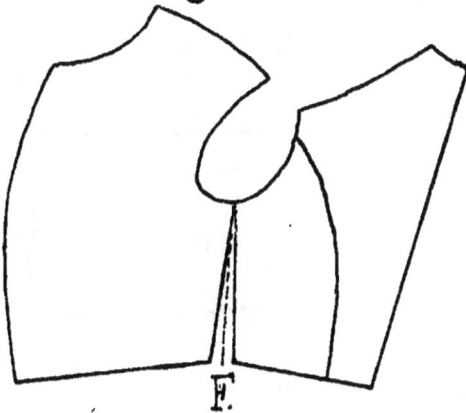

F.

Fig. 114.

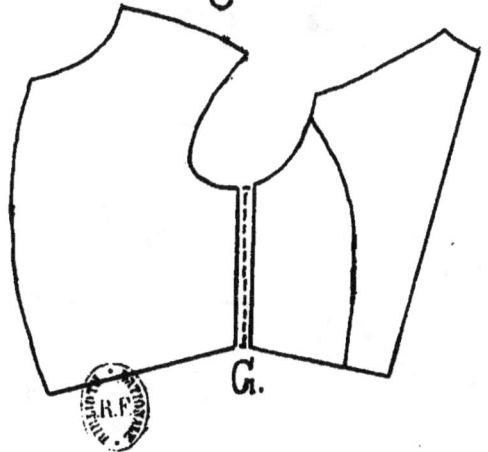

G.

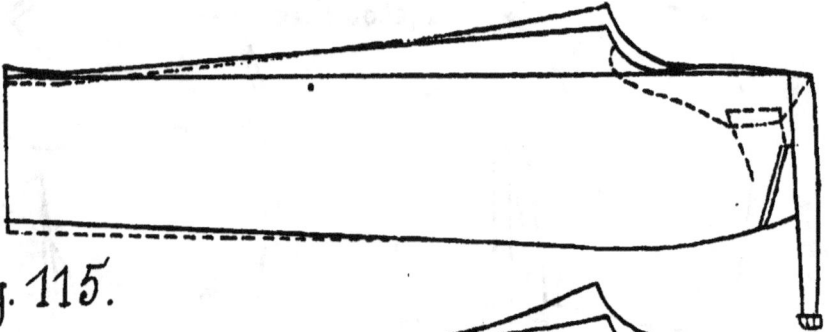

Fig. 115.

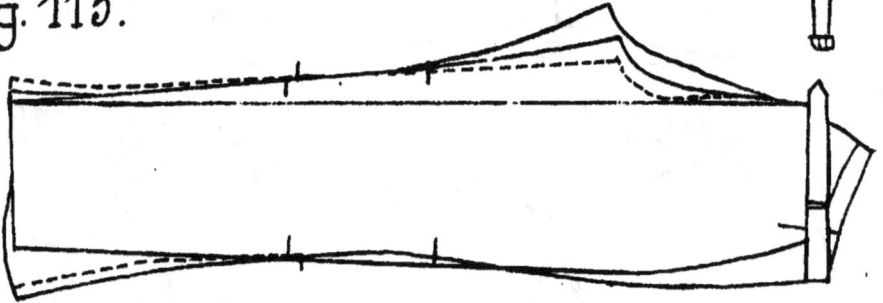

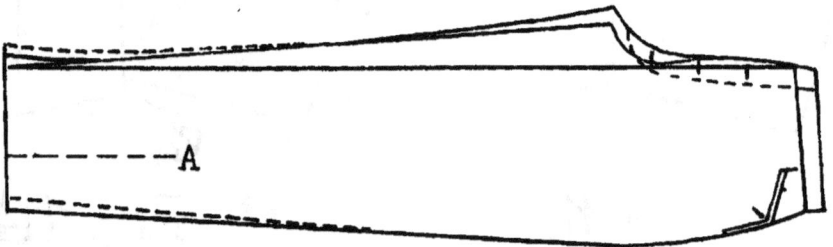

A

Fig. 116.

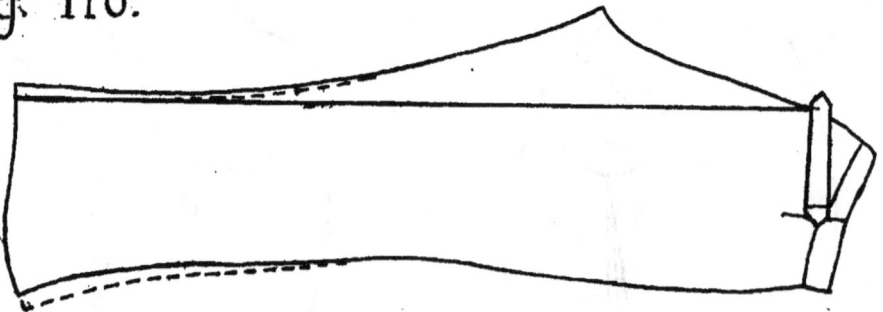

Fin du Professorat.

*Systèmes
à base
triangulaire.*

*Société Artistique
des Tailleurs
de Paris.*

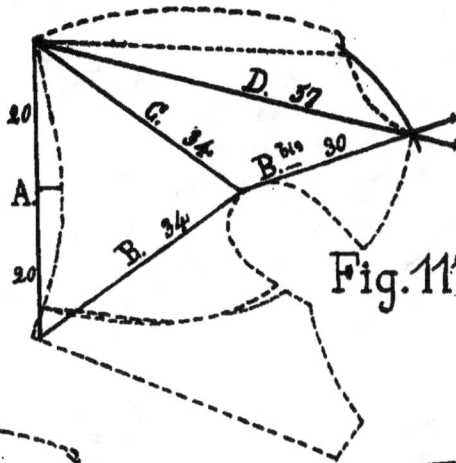

Fig. 117.

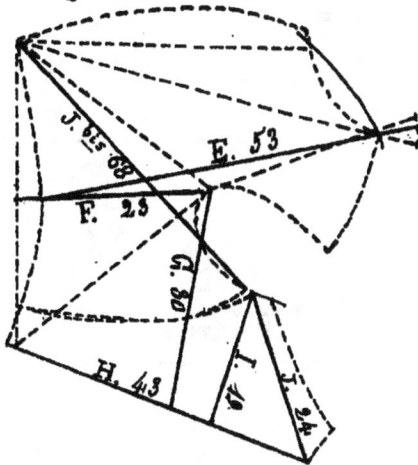

Fig. 118.

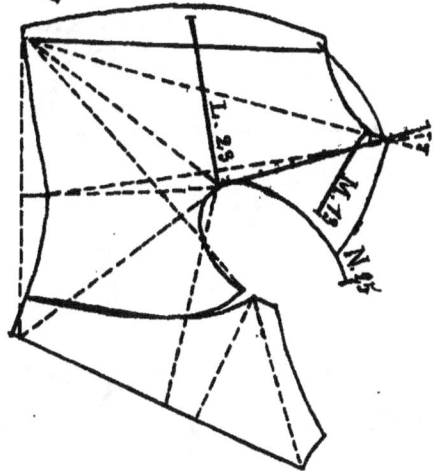

Fig. 119.

Fig. 120.

Scariano.

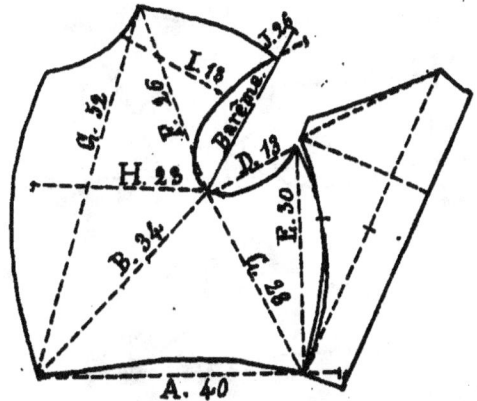

Fig. 121.

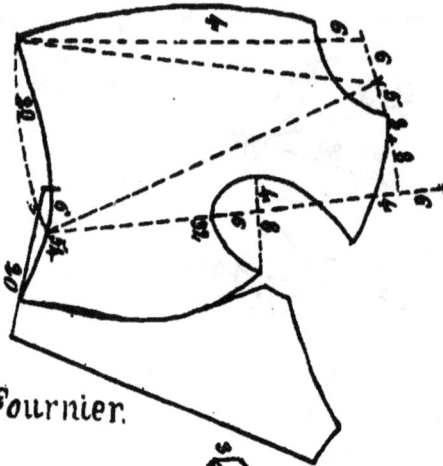

Fournier.

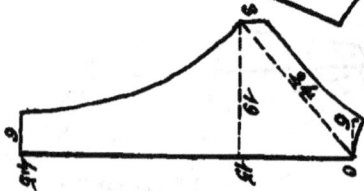

Fig. 122.

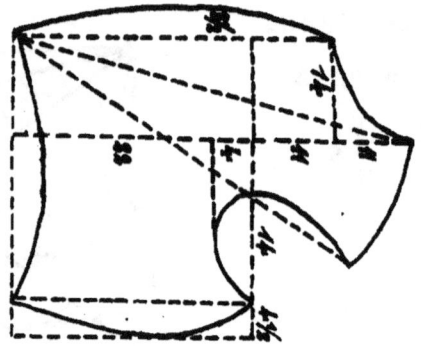

Lavigne.

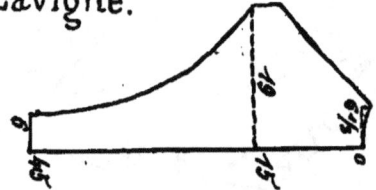

Fig. 123.

Ch. Compaing.

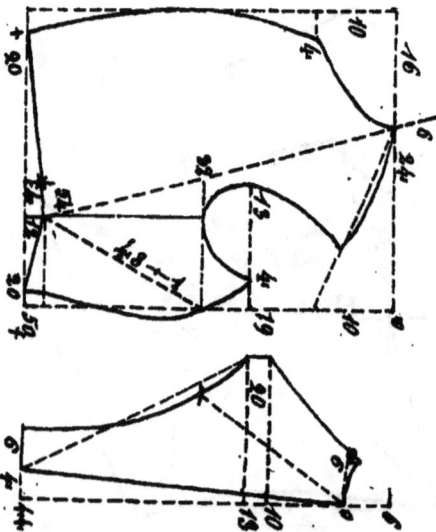

Fig. 124.

Delarue.

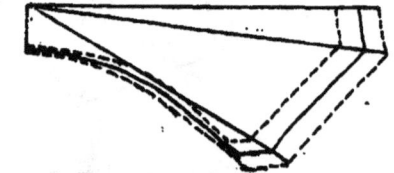

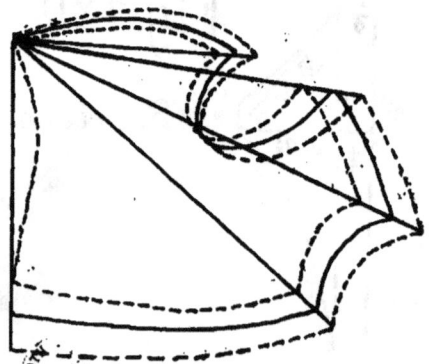

PL. XXXXIII.

Méthode Universelle
de la Coupe du Corsage, par Thirifocq.

Corsage d'homme.

Fig. 125.

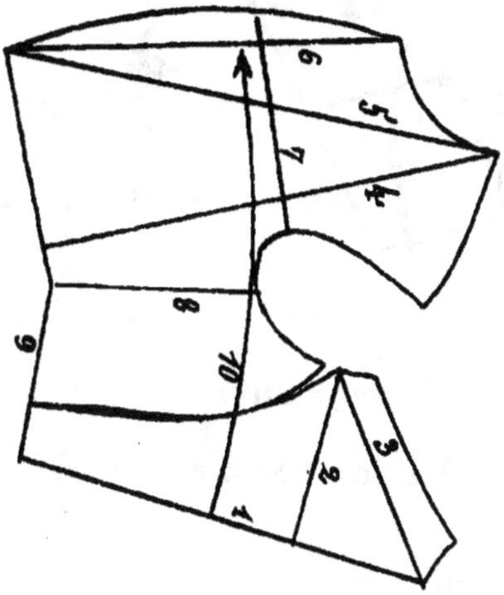

Mesures.

Fig. 126.

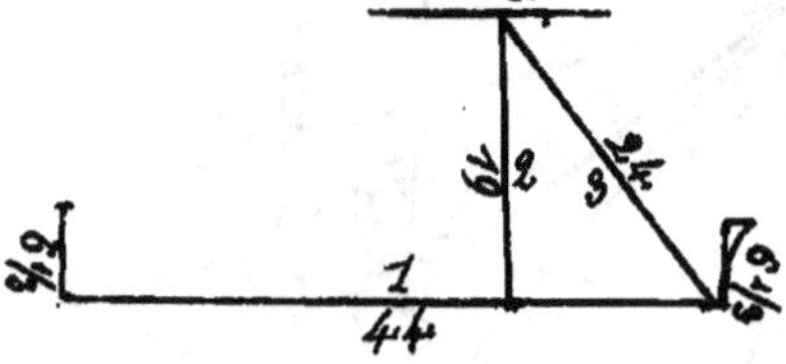

Fig. 127.

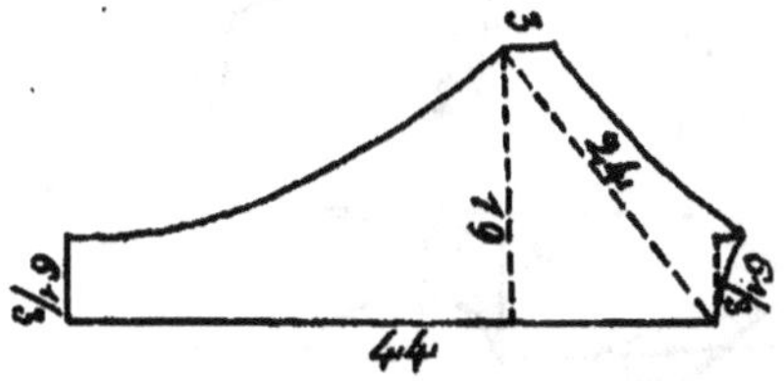

Fig. 128.

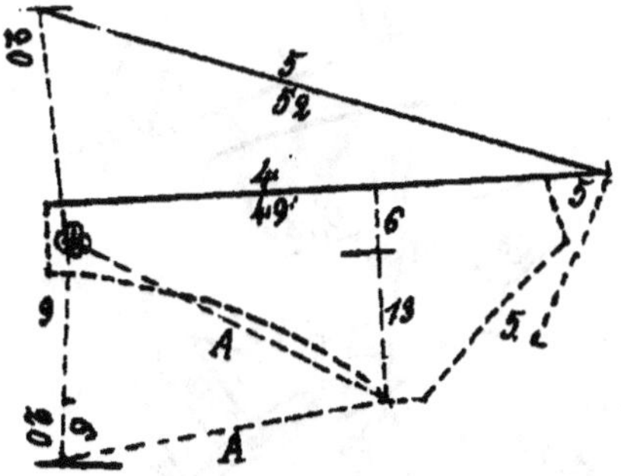

Fig. 129.

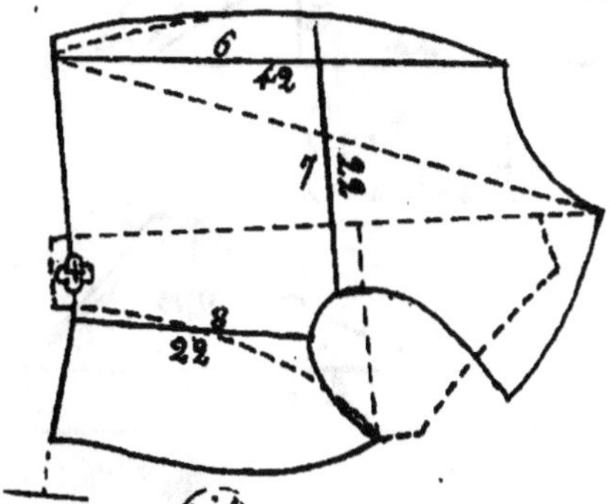

PL. XXXXIV.

Corsage de dame.

Fig. 130.

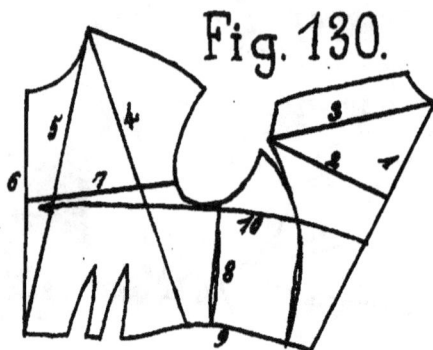

Fig. 131.

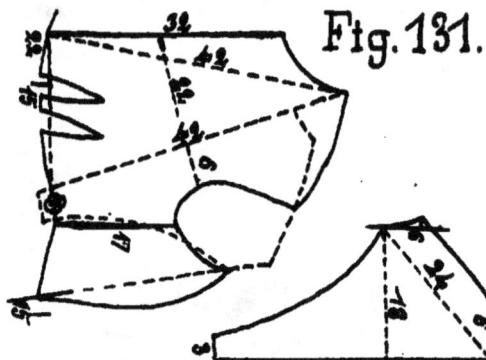

Tracé du Corsage suivant la Méthode Universelle,
établi à l'aide des mesures d'autres Méthodes.

Fig. 132

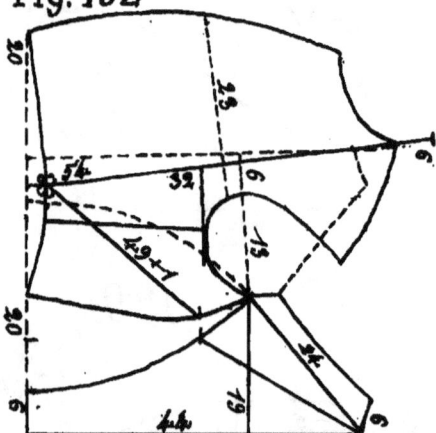

Fig. 133.

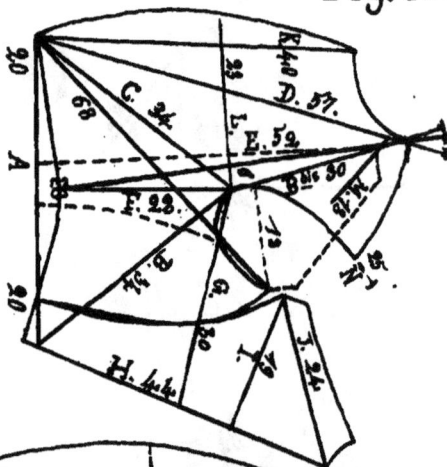

Fig. 134.

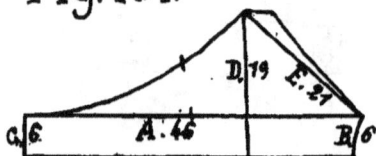

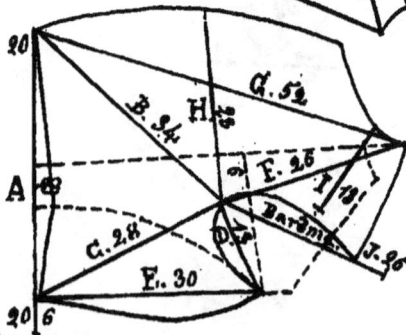

www.ingramcontent.com/pod-product-compliance
Lightning Source LLC
Chambersburg PA
CBHW070900280326
41934CB00008B/1516